Kerstin Diacont

Die Reiterhilfen für Anfänger

Sitz · Hilfengebung
Einwirkung verstehen

Die Deutsche Bibliothek –
CIP-Einheitsaufnahme

Diacont, Kerstin
Die Reiterhilfen für Anfänger :
Sitz, Hilfengebung, Einwirkung
verstehen / Kerstin Diacont. –
München ; Wien ; Zürich : BLV,
1998
    (BLV Pferdepraxis)
    ISBN 3-405-15504-5

Dank an:
Karin Anders, Ute Merkel
Karl-Heinz Ploch / Seven Oaks,
Susanne Funk, Hanna Rietema,
für die Hilfe bei der Fotoerstellung
und Martina Belzer fürs Korrek-
turlesen

**BLV Verlagsgesellschaft mbH
München Wien Zürich**
80797 München

© 1998 BLV Verlagsgesellschaft mbH
München

Printed in Germany
ISBN 3-405-15504-5

Bildnachweis

Hugo M. Czerny: Seiten 74, 91, 108
Kerstin Diacont: Seiten 9, 14, 15, 23,
34, 36, 37, 39, 40, 55, 63, 77, 79,
100
Karin Anders (Archiv Diacont):
Seiten 16, 17, 28, 43, 48, 50, 72
Karl-Heinz Ploch (Archiv Diacont):
Seiten 41, 51, 53, 96, 97, 98, 101
Erwin Escher: Seiten: 24, 84, 106
Werner Ernst: Seite 54
Lothar Lenz 6, 10, 12, 18, 19, 20, 22,
26, 27, 31, 32, 35, 45, 47, 59, 60,
90, 99, 109
Maximilian Schreiner: Seiten 29, 65,
70, 80, 81, 92, 103
Christiane Slawik: Seiten 8, 30,
52, 66

Grafiken: Kerstin Diacont

Umschlaggestaltung: Werbeagentur
Sander & Krause, München
Umschlagfoto: Maximilian Schreiner

Layout und Satz:
Kerstin Diacont, Neu-Isenburg

Lithos und Filmbelichtung:
Lanarepro, Lana bei Meran (Südtirol)

Druck und Bindung: Neue Stalling,
Oldenburg

Zeichenerklärung

 Richtung einer
Bewegung des
Reiters

 stellender, kurz
angenommener
Zügel

 verwahrender
Zügel

 verwahrender
Schenkel

 Schenkeldruck

Gewicht:

 beidseitig belasten

 einseitig belasten

 entlasten

 Bewegungsrichtung
des Pferdes

 wichtiger Punkt,
Stelle, an der etwas
geschieht

Kerstin Diacont

Die Reiterhilfen für Anfänger

Sitz · Hilfengebung
Einwirkung verstehen

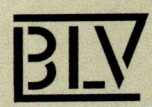

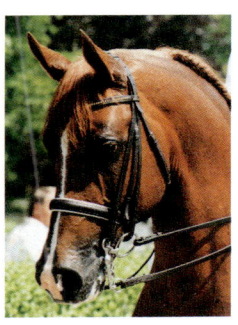

Von Hilfen und Hilfsmitteln

Was sind Hilfen?

Welche gibt es ?

Wem helfen die Hilfen?

Einfachst ausgedrückt sind
die Hilfen die Sprache, die
„Mensch" benutzt, um mit
„Pferd" zu reden.
Er gibt ihm Signale, die es
dazu bringen sollen,
bestimmte Dinge zu
tun oder zu lassen.
Im Idealfall hat er als zweite
Fremdsprache „pferdisch"
gelernt und das Pferd
versteht, was er von ihm
will.

Sprache

Der Mensch lernt die Pferdesprache

(natürliche Hilfen)

„Pferdisch" ist gar nicht so schwer zu lernen - es gehört nur ein wenig psychologisches Einfühlungsvermögen und eine gute Beobachtungsgabe dazu.

Der Mensch kann sich viele „Vokabeln" aus dem Herdenverhalten abschauen. Er imitiert die Schutzfunktion des Herdenchefs, ahmt Drohgebärden nach oder schaut, welche Liebkosungen zwischen Pferden üblich sind. Er lernt, daß ein Pferd nicht mit menschlichen Maßstäben gemessen werden kann.

Außerdem gehören Kenntnisse der Anatomie und der Bewegungslehre zum Lehrplan „pferdisch", denn nur, wenn der Mensch weiß, wie ein Pferd sich bewegt, kann er diese Bewegung mit seinen Hilfen auch beeinflussen.

„Pferdisch" ist vorrangig Zeichen- und Körpersprache, die das Pferd von Natur aus verstehen kann (natürliche Hilfen). Der Mensch verständigt sich mit dem Pferd auf dessen Verständnis-Ebene - mit „Händen und Füßen" (oder in der klassischen Terminologie: mit Schenkel- Zügel- und Gewichtshilfen).

Das Pferd lernt die menschliche Sprache

(angelernte/abgeleitete Hilfen)

Neben den natürlichen Hilfen kann das Pferd zusätzliche körpersprachliche Hilfen lernen, indem der Mensch auf den vorhandenen Verständigungsmöglichkeiten aufbaut und dem Pferd durch Lob und Tadel klarmacht, welche zusätzliche Reaktion er von ihm haben möchte. (Dies gilt vor allem für das Anreiten von jungen Pferden). Dazu kommt noch die Möglichkeit, daß das Pferd im Verlauf längerer Zusammenarbeit mit dem Menschen auch die „menschliche Sprache", also verbale Zeichen des Reiters, verstehen lernt. Wir reden dann landläufig von den Stimmhilfen. Dabei verständigen sich Mensch und Pferd teilweise auf der Sprach-Ebene des Menschen. Es handelt sich um angelernte Hilfen oder neu zusammengesetzte Kombinationen von Hilfen.

Natürlich oder angelernt

Wir können also natürliche und angelernte Hilfen unterscheiden. Viele angelernte Hilfen sind aus einem wechselseitigen Lernen von Reiter und Pferd entstanden. Reiter und Pferd haben sich eine gemeinsame Verständigungsebene aufgebaut. Das ist der Grund dafür, daß jedes Pferd-Reiter-Paar sich in Nuancen anders verständigt - und daß für sehr weit und gut ausgebildete Pferde vom Ausbilder oft eine „Bedienungsanleitung" gegeben werden muß, wenn ein neuer Reiter dieses Pferd übernehmen soll.

Aktiv und passiv - treibend und verhaltend

Zudem kann man die Hilfen noch unterscheiden in passive (verwahrende) Hilfen, die nichts fordern, sondern nur eine unerwünschte Reaktion verhindern, und aktive (fordernde) Hilfen, mit denen der Reiter aktiv eine Übung einleitet. Zügelhilfen z.B. sollten weitgehend passiv begrenzend sein. Schenkel- und Gewichtshilfen werden etwa zu gleichen Teilen passiv und aktiv eingesetzt.

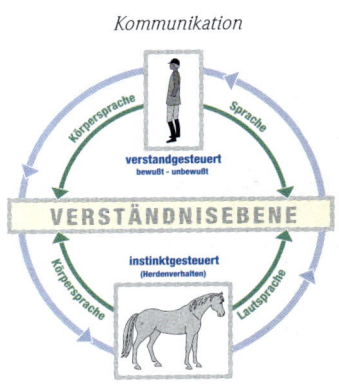

Kommunikation

Körpersprache — Sprache

verstandgesteuert
bewußt - unbewußt

VERSTÄNDNISEBENE

instinktgesteuert
(Herdenverhalten)

Körpersprache — Lautsprache

Die Unterscheidung treibend und verhaltend bezieht sich auf die Wirkung der Hilfen auf die Vorwärtsbewegung des Pferdes. Zügelhilfen können nie treibend sein, Schenkelhilfen nie verhaltend (nur verwahrend). Nur das Gewicht und die Stimme können sowohl treibend als auch verhaltend eingesetzt werden.

Unbewußte und unabsichtliche Signale

Alles, was der Mensch tut, während er sich mit dem Pferd beschäftigt, ist Kommunikation, wenn es das Pferd sieht oder spürt. Dies birgt eine gewisse Problematik, wenn sich der Mensch seiner Handlungen und seiner Körperhaltung nicht vollständig bewußt ist. Denn das Pferd reagiert nicht nur auf bewußt vom Menschen gegebene Zeichen, sondern auch auf unbewußte Äußerungen wie Angst, Unsicherheit, Unentschlossenheit oder - im positiven Sinn - auf vom Menschen ausgestrahlte Sicherheit, Ruhe und Ausgeglichenheit. Gerade für Stimmungen, die der Mensch in Haltung und Stimme ausdrückt, hat das Pferd sehr sensible Antennen. Innere Unsicherheit kann dazu führen, daß das Pferd eine körperlich vom Reiter richtig gegebene Hilfe ignoriert, weil es spürt, daß der Reiter gar nicht ernst meint.

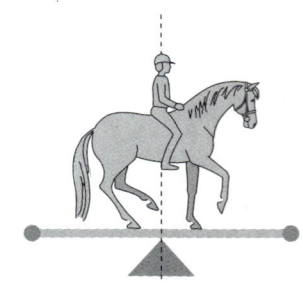

Körperbewußtsein und Balance als Schlüssel zum Erfolg

„Selbst"bewußtsein entwickeln, Reaktion schulen

Wir haben also als Mensch eine Reihe von Signalen zur Verfügung, mit denen wir das Pferd manipulieren können. Sind wir in der Lage, diese Signale folgerichtig und zum richtigen Zeitpunkt einzusetzen, so können wir eine harmonische Verständigung mit dem Pferd erreichen.

Setzen wir sie falsch oder widersprüchlich oder zum falschen Zeitpunkt ein, so versteht uns das Pferd nicht - oder nimmt uns nicht ernst. Schlimmstenfalls widersetzt es sich dann den Forderungen des Menschen.

Das Entwickeln von eigenem Körperbewußtsein sowie sportliches Training (Gymnastik o.ä.) können dem Reiter helfen, unbewußte Signale zu minimieren und Reaktionszeiten zu verkürzen. (Dies wäre ein weiteres peripheres Kapitel im Lehrplan „pferdisch"

Natürliche Balance beim freilaufenden Pferd.

und könnte speziell Reitern mit dem „Mehlsacksymptom" nicht schaden).

RESPEKT

Etwas mehr Respekt bitte....

Warum läßt sich ein Pferd, welches doch um so vieles stärker ist als der Mensch, so viel vom Reiter gefallen? Warum kann der Mensch mit seinen schwachen Kräften ein Pferd lenken und kontrollieren? Warum reagiert es überhaupt auf die Hilfen des Reiters?

Antwort auf diese Fragen gibt das natürliche Herdenverhalten des Pferdes, welches sich auf eine klare Rangordnung und auf die Faktoren Respekt, Schutz und Sicherheit stützt.

Die Regeln der Rangordnung kann der Mensch für seine Zwecke ausnutzen. Schlüpft er in die Rolle des Herdenchefs, kann er sich Respekt verschaffen. Gleichzeitig wird ihm das Pferd vertrauen und seine Wünsche nie in Frage stellen. Mißbraucht der Mensch aber das Vertrauen, daß das Pferd in ihn als Alphatier setzt, durch unmögliche Forderungen, bricht das ganze System aus Respekt, Vertrauen und resultierendem Gehorsam zusammen. Er muß also bei allen Forderungen an das Pferd dessen

Reiten darf kein Kraftakt sein...

körperliche und psychische Leistungsfähigkeit kennen und berücksichtigen.

RÜCKSICHT

Etwas mehr Rücksicht bitte...

Damit sind wir bei der körperlichen Leistungsfähigkeit des Pferdes. Das Pferd als Reitpferd ist nicht mehr einfach nur ein Pferd, welches sich von Natur aus „richtig" bewegen kann; es ist vielmehr ein Sportler, der mit dem Zusatzgewicht des Reiters trainiert werden muß. Wie bei jedem menschlichen Sportler kann es dabei hinsichtlich der Anforderungen an Koordination, Gleichgewicht, Muskelaufbau und Lernfortschritt überfordert werden. Das zu Anfang oft wacklige Gesamtgebilde Reiter und Pferd muß neu ausbalanciert werden. Das Pferd muß lernen, seinen Schwerpunkt (seine Haltung) den neuen Erfordernissen anzupassen, sonst erleidet es körperliche Schäden. Der Reiter muß lernen, ihm durch zweckmäßige Hilfen dabei zu helfen. Und er muß auch ein Gefühl für die psychischen Leistungsgrenzen entwickeln. Kurz, er muß Rücksicht auf das Pferd nehmen.

Eine gute Ausbildung und etwas Vertrauen ...
...und Reiten ist kinderleicht.

Wir können zusammenfassen:

Die Hilfen sind vielschichtig zu verstehen. Es müssen sehr viele Faktoren bei der Hilfengebung berücksichtigt werden, will nicht der Mensch durch zu hohe oder unverständliche Anforderungen Widersetzlichkeiten provozieren, weil das Pferd einfach noch nicht kann, was es soll. Für die meisten Anforderungen müssen zudem verschiedene Arten von Hilfen zeitlich genau aufeinander abgestimmt oder sogar gleichzeitig wirken - oft ein arges Koordinationsproblem für den unerfahrenen Reiter. Man denke nur an die ersten Fahrstunden: Kupplung kommen lassen, dabei Gas geben, lenken und auch noch auf den Verkehr achten - da hat schon so mancher seinen Wagen abgewürgt. Als Reiter wird es Ihnen mit einigen Hilfenkombinationen nicht anders gehen - aber das Autofahren haben sie doch auch gelernt - oder? Es ist eben alles eine Frage der praktischen Übung.

HILFSMITTEL

Ein Pferd ist kein Päckchen

Von den Hilfen zu den Hilfsmitteln, den „mechanischen" Hilfen, ist es für viele Reiter nur ein kleiner Schritt. Manche messen leider den

Hilfsmitteln eine größere Bedeutung bei als dem richtigen und verständnisvollen Einsatz der Hilfen.

Hilfsmittel sind aber wirklich nur Mittel zur Hilfe und nicht Selbstzweck oder gar Ersatz für die artgerechte Verständigung. Gerte, Sporen, Peitsche und der eine oder andere Hilfszügel haben ihre Berechtigung, wenn sie dazu dienen, kurzfristig eine Hilfe zu verstärken; die Reichweite des Armes zu verlängern, ein Problem zu beheben oder „ein kleines bißchen mehr" vom Pferd zu fordern. Sie haben keine Berechtigung, wenn Sie Ihr Pferd ohne diese Hilfsmittel nicht mehr handhaben können. Wenn es ohne dauerndes Sporenstechen nicht mehr vorwärts geht, wenn es ohne Gerte nicht springt oder ohne Hilfszügel wie Ausbinder oder Schlaufzügel nicht durchs Genick zu reiten ist.

Hilfsmittel sind in diesem Fall der Ersatz für schlechte Verständigung mit den normalen reiterlichen Hilfen. Verschnüren Sie Ihr Pferd nicht wie ein Paket mit diesem und jenem Strick und noch einem Riemen - genauso wird es dann gehen - eingeschnürt, schwunglos und stumpf.

Hilfsmittel wie eine Reitbahnbegrenzung, die beim Geraderichten und bei den Seitengängen helfen oder ein Roundpen, der die Longenarbeit erleichtert, stehen da auf einem anderen Blatt - sie können und sollen langfristig genutzt werden.

REITSTIL

Andere Reitstile - andere Hilfen, alles ganz anders?

Die unterschiedliche Handhabung von Hilfen in verschiedenen Reitweisen ist oft ein Streitpunkt, wenn Vertreter verschiedener Reitweisen an einem Tisch sitzen. Natürlich gibt es den einen oder anderen Unterschied. Jedoch sind diese Unterschiede nicht so gewaltig, wie sie oft hingestellt werden. Es gibt wesentlich mehr Gemeinsamkeiten in den verschiedenen Reitstilen als Unterschiede, denn Pferd ist Pferd - und jedes Pferd reagiert so, wie es aufgrund seiner anatomischen Voraussetzungen reagieren muß. Diesen Voraussetzungen muß der Reiter in jeder Reitweise Rechnung tragen, will er keinen Schaden anrichten. Verständigung und Hilfengebung unterliegen Grundregeln, die in jeder Reitweise gelten - sie werden nur je nach „Verwendungszweck" des Pferdes, nach dem Ziel der Ausbildung modifiziert.

Diese Grundregeln könnten zusammengefaßt heißen:

Verständnis, Respekt und Vertrauen: Bauen Sie ein Vertrauensverhältnis

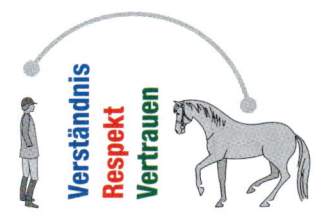

Die Kommunikations-Grundlagen

als Verständigungsgrundlage zwischen sich und Ihrem Pferd auf. Balance und Gleichgewicht: Bringen Sie sich und Ihr Pferd ins Gleichgewicht (ein ausbalancierter Sitz und ein auf der Hinterhand arbeitendes Pferd ist das Ziel).

Sinnvoll aufbauendes Training: Schützen Sie Ihr Pferd vor Überlastungsschäden durch zu frühe, zu hohe oder falsche Anforderungen.

Die Intensität der Hilfen sowie deren Kontinuität wird je nach Stil, aber genauso auch je nach Pferdetyp verändert. Faule, phlegmatische Vertreter werden in jeder Reitweise energischer angefaßt als nervöse, sensible Pferde. Empfindliche Pferde werden mit weniger Einwirkung geritten als unempfindliche u.s.w. da spielt die Reitweise eine untergeordnete Rolle. Auch das Zusammenspiel verschiedener Hilfen, um bestimmte Reaktionen vom Pferd zu bekommen, liegt in verschiedenen Stilen sehr nahe beieinander, weil es den artspezifischen Grundsätzen folgt.

Pferdeliebe- richtig verstanden

Artgerechte Behandlung
als Grundlage für die Hilfen.

Die Liebe zum Pferd ist wohl für die allermeisten der Anstoß, sich mit Pferden zu beschäftigen und zu reiten. Ohne diese Liebe würde der Mensch schwerlich soviel Zeit, Arbeit und Geld in sein Pferde-Hobby investieren.
Und ohne eine tiefe Verbundenheit mit dem Pferd könnte letztendlich keine Harmonie entstehen.

Artgerechter Umgang

Nur mit Liebe ist es aber nicht getan: Fehlt das Verständnis für die Eigenarten und Grundbedürfnisse des Pferdes, so können trotz liebevollen Umgangs mit dem Pferd massive Probleme auftauchen. Das liebe Pferdchen reagiert auf einmal „schwierig" oder gar „bösartig" - und will doch nur darauf hinweisen, daß es falsch behandelt wird.

Ein Pferd ist kein Schoßhündchen. Nimmt ein kleiner Hund die Vermenschlichung, die ihm als „Schmusetier" zuteil wird, oft noch hin, so kann eine ähnliche Behandlung beim Pferd schnell dazu führen, daß es dem Menschen gefährlich wird: Das Pferd betrachtet ihn dann als rangniedrig und setzt seine Kraft ungeniert ein, um seinen eigenen Willen durchzusetzen. Es reagiert damit durchaus nicht bösartig, sondern nur natürlich. Es ist also unerläßlich, dem geliebten Vierbeiner Respekt vor dem Menschen beizubringen.

LEITTIERE

Keine Widerrede - Der Mensch als Alphatier

Das Pferd wird den Menschen als ranghöher akzeptieren, wenn er

sich wie ein Leittier verhält. Klingt ganz einfach - was tun Sie also? Sie imitieren das Verhalten des Leittieres. Dazu müssen Sie die wichtigsten Regeln in der Pferdeherde kennen. Im Herdengefüge wird alles geregelt, was für das Pferdeleben wichtig ist. Die Herde bietet vor allem soziale Kontakte und Schutz. Beides ist jedoch nur gesichert, wenn die Rangordnung innerhalb der Gemeinschaft stimmt. Wichtige Grundlagen der Rangordnung sind folgende:

1. Rangniedere Tiere müssen Ranghohen grundsätzlich ausweichen.
2. Rangniedere Tiere dürfen Ranghohe nicht überholen, wenn die Herde sich bewegt.
3. Das Leittier bietet Schutz - ein rangniederes Tier läuft ihm bedingungslos hinterher.
4. Der Leithengst kann andere Pferde auch von hinten treiben. Er hält damit seine Herde zusammen oder treibt auch einmal ein aufsässiges Jungtier von der Herde weg.

Das bedeutet für Sie: Verschaffen Sie sich Respekt, indem Sie das Pferd von seinem Platz vertreiben. Verteidigen Sie Ihre „Führungsposition" beim Führen des Pferdes und lassen sich nicht überholen oder anrempeln. Aber entwickeln Sie auch „Führungsqualitäten" wie Ruhe, Fairneß und Sicherheit, die Ihrem Pferd Vertrauen einflößen. Sind die Fronten geklärt, so können

Sie Ihr Pferd auch von hinten führen - und imitieren damit die Position des von hinten treibenden Leithengstes. Genau das tun Sie prinzipiell auch, wenn Sie auf dem Pferd sitzen. Die Arbeit schräg hinter dem Pferd und auf dem Pferd verleiht dem Menschen allein aufgrund der Position eine enorme Dominanz. Eine Ausführung des Dominanztrainings an dieser Stelle würde den Rahmen des Buches sprengen. Also

Führpositionen

mehr Schutz: Positionen vor und neben dem Kopf des Pferdes

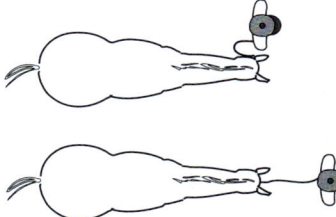

mehr Dominanz: Positionen auf und schräg hinter dem Pferd

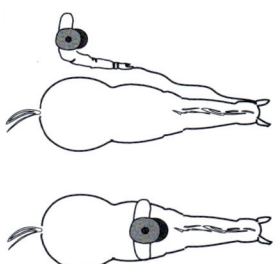

Frei longieren · Verlängerung der Reichweite der Arme durch Gerten.

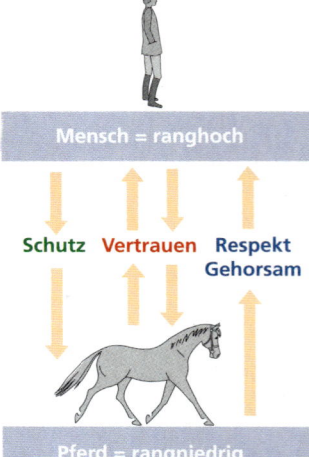

Die Beziehung zwischen Reiter und Pferd

demütige ängstliche Haltung: auch die erhobene Hand kann nicht über die Unsicherheit hinwegtäuschen

dominante, autoritäre Haltung: straffe Aufrichtung im Oberkörper und erhobene Arme

hier nur kurz: Wenn es Ihnen gelingt, Ihr Pferd am Boden nur durch Signale Ihres eigenen Körpers vorwärts, rückwärts, seitwärts zu dirigieren, wenn Sie in jeder Situation seine Aufmerksamkeit haben, dann haben Sie später unter dem Sattel ein Pferd, welches keine Ihrer Hilfen in Frage stellt. Sie müssen keine Machtkämpfe ausfechten. Achten Sie bei den Bodenübungen auf Ihre Körperhaltung. Kein Pferd weicht Ihnen aus, wenn Sie mit eingezogenem Genick und schlurfendem Schritt heranschleichen. Um eine Reaktion hervorzurufer bedarf es einer entschlossenen, aufrechten Haltung und einer deutlich zielgerichteten Bewegung. Erhobene Arme oder eine Gerte als „Armverlängerer" verleihen Ihnen eine dominantere Ausstrahlung. Die Körperhaltung bei der Arbeit am

Boden hat die gleiche herausragende Bedeutung wie später der korrekte Sitz auf dem Pferd.

Sie lernen also die Pferdesprache und schwingen sich zum Leittier auf. Sie bieten dem Pferd damit Sicherheit und können im Gegenzug Gehorsam fordern.

Aufforderung zum Tanz

Betrachten Sie Ihr Pferd als Ihren Tanzpartner. Einer muß führen - sonst gibt es Chaos und das Tanzen macht keinen Spaß. Und dieser „Eine" sollten Sie sein und nicht Ihr Pferd. Durch die Übungen der Bodenarbeit haben Sie sich artgerecht Respekt verschafft und geklärt, daß Sie führen wollen. Verwechseln Sie Respekt aber nicht mit Angst. Respekt beinhaltet

Vertrauen.

für die Sicherheit Ihres Pferdes zuständig - was soll Ihr Pferd davon halten, wenn Sie bei jeder ungewohnten Situation ängstlich nach Luft schnappen und stockesteif auf seinem Rücken klemmen oder durch fahrige, unkoordinierte Bewegungen auffallen? Ihre Angst verursacht die Angst des Pferdes.

Und damit sind wir bei einem wichtigen Thema für entspanntes und harmonisches Reiten: Streßsituationen, Angstreaktionen des Reiters und des Pferdes und der Umgang damit.

„Angst essen Seele auf" .... und verhindert feine Hilfen.

Angst vor den Kräften und der schnellen Reaktion eines so großen und starken Tieres wie dem Pferd ist eine durchaus natürliche und verständliche Reaktion des Reiters. Das Fluchttier Pferd reagiert extrem schnell, wenn es sich bedroht oder in seiner Bewegungsfreiheit eingeschränkt fühlt. Damit kann es sich sehr schnell Ihrer Kontrolle entziehen.

Durch Bodenarbeit können Sie unnötige Angstreaktionen vom Pferd (und in der Folge vom Reiter) in vielen Fällen verhindern, in anderen abmildern. Pferd und Mensch stellen sich bei der Bodenarbeit aufeinander ein. Sie können die

Vertrauen - Angst jedoch verhindert genau dieses Vertrauen. Hat das Pferd Angst vor Ihnen (vielleicht, weil sie es ungerecht gestraft haben), so verhindert das eine harmonische Hilfengebung. Stellen Sie sich nur einmal vor, Ihr Tanzpartner hat Angst vor Ihnen. Das Tanzen würde zum Kraftakt für den Führenden, weil der Geführte sich verkrampft und deswegen nicht auf

leichte Signale reagieren kann. Das macht nun wirklich keinen Spaß. Genausowenig sollten Sie Angst vor Ihrem Pferd oder seinen Reaktionen haben. Befürchten Sie z.B., daß der nächste Traktor das Pferd zu Tode erschrecken wird, so wird genau dies geschehen. (Frei nach Murphys Gesetz: „Alles was schiefgehen kann, wird schiefgehen").

Sie sind die Vertrauensperson und

Gymnastizierung im Gelände: Schulterherein auf einem ebenen Wiesenweg.

ruhiger
sicherer **Reiter**
gelassener

ausgeglichenes
mutiges **Pferd**
gelassenes

positiver und negativer Kreislauf

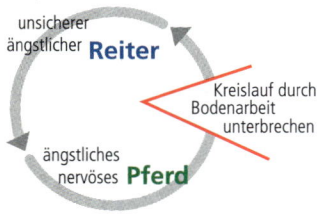

unsicherer
ängstlicher **Reiter**

Kreislauf durch
Bodenarbeit
unterbrechen

ängstliches
nervöses **Pferd**

Reaktionen des Pferdes in verschiedenen Situationen beobachten. Schließlich können Sie einschätzen, vor welchen Dingen dieses spezielle Pferd Angst hat und wie es darauf reagiert. Wissen Sie das, so können Sie gezielt daran gehen, dem Pferd „die Angst auszutreiben", indem Sie es an diese „Ungeheuer" gewöhnen.

Zur Angstbewältigung können Sie das Pferd an der Hand und an der Longe oder auch auf der Koppel „gefährlichen" Gegenständen aussetzen.

Raschelnde Plastiksäcke, Planen, Regenschirme, bunte Gymnastikbälle können dazu dienen. Die Westernreiter nennen das „Aussacken". Das Pferd wird mit Decken, Tüchern, Säcken, Plastikplanen am ganzen Körper berührt, später evtl. auch damit longiert. Mit der Zeit läßt es sich dies alles ganz gelassen gefallen.

Unter dem Reiter wird dieses Gewöhnungsprogramm später weiterbetrieben. Brücken, Wasser, Stege, Baumstämme im Gelände oder die klassischen Trailhindernisse der Westernreiter können (evtl. erst an der Hand) das Pferd immer gelassener und sicherer machen. Es lernt, daß alles, was der Mensch von ihm will, ungefährlich ist - auch wenn es noch so gefährlich aussieht.

Wichtig bei solchen Übungen, vor denen das Pferd Angst entwickeln kann, ist immer, daß der Mensch nie eine Lektion abbricht, ohne wenigstens einen annehmbaren Teilerfolg zu erreichen. Überlegen Sie also immer, ob die Aufgabe, die Sie dem Pferd stellen, unter den jeweiligen Bedingungen sinnvoll zu Ende gebracht werden kann. Entspricht die Übung dem Ausbildungsstand und der psychischen Verfassung des Pferdes? Reicht die Zeit, um unter Umständen zwei Stunden und mehr zu investieren? Habe ich genug Erfahrung, um diese Lektion allein zu Ende zu bringen oder brauche ich Hilfe? Kann ich verhindern, daß sich das Pferd meiner Kontrolle entzieht? Erst dann, wenn alles bedacht ist, sollten Sie das Pferd mit Dingen konfrontieren, bei denen Sie Schwierigkeiten vermuten.

Mutiges Pferd = sicherer Reiter = mutiges Pferd

Mit dem Gewöhnungsprogramm erlangt das Pferd Gelassenheit und Ruhe. Sie können sich auf seinem Rücken sicherer fühlen und vermitteln im Gegenzug dem Pferd wieder Sicherheit - ein positiver Kreislauf hat damit begonnen. Zudem stellen Sie damit langfristig die Aufmerksamkeit des Pferdes und seine willige Reaktion auf Ihre Hilfen sicher. Solange ein Pferd alarmiert Kopf und Hals hebt und voller Angst das Terrain sondiert, weil es sich in Gefahr glaubt, ist es nicht in der

Lage, ein Signal des Menschen zu befolgen. Es muß erst seine Aufmerksamkeit voller Vertrauen auf den Menschen richten und Kopf und Hals entspannen; nur dann nimmt es Ihre Hilfen überhaupt wahr und kann angemessen darauf reagieren. In fluchtbereiter Alarmstellung dagegen wird alles, was der Mensch von ihm will, zweitrangig.

rechts: Gymnastik an der Longe verhilft zu einem lockeren, entspannten Sitz und gibt dem Reiter dadurch Sicherheit.

unten: Der entspannte Sitz im Gelände.

Köpfchen contra Kraft

Sinnvolle Arbeit.

Vernünftiger Trainingsaufbau

Koordination der Hilfen.

Ein gut gerittenes Pferd unter seinem Reiter strahlt Ruhe und Eleganz aus. Das Gesamtbild ist harmonisch - der Ritt sieht mühelos aus. Auch schwere Lektionen gelingen scheinbar „wie von selbst". Die Hilfen sind für den Betrachter unsichtbar.

Trugschlüsse

Solche Idealbilder führen manchen Betrachter zu falschen Schlüssen hinsichtlich der dazu notwendigen Hilfen und vor allem der Zeit, die für ein solches Ergebnis aufgewandt werden muß.

Ohne Fleiß keinen Preis - Ohne Training keine Harmonie

Das Erreichen der „mühelosen Idealbilder" erfordert mehr oder weniger „mühevolle Arbeit" von Pferd und Reiter. Arbeiten mit dem Pferd und an sich selbst als Reiter. Arbeiten an der Verständigung, an der Harmonie, an der Kondition, an der Beweglichkeit, arbeiten am Können und am Wollen, am Zusammenwirken zweier verschiedener Individuen, an der Motivation des Pferdes und am eigenen inneren „Schweinehund". Wie jeder Sportler müssen auch der vierbeinige Sportler „Pferd" und der zweibeinige Sportler „Reiter" trainieren, um einen bestimmten Leistungsstand zu erreichen - und weitertrainieren, um den Stand zu halten oder zu verbessern. Meistens trainiert das Reiter-Pferd-Paar gemeinsam. Doch auch das „Einzeltraining" ist wichtig. Für das Pferd bedeutet das Gymnastizierung und Gehorsamsübungen bei Longen- und Boden-

arbeit, für den Reiter Gymnastik ohne Pferd (oder auch auf dem Pferd) zur Lockerung und Erhaltung

Kraftsparendes Reiten auf Gangpferden durch Nutzung der natürlichen Anlagen des Pferdes.

Lässige Eleganz auch in schweren Lektionen als Ziel der Hilfengebung.

der Beweglichkeit (ein steifer Reiter kann nicht locker sitzen!).

Gut Ding will Weile haben - gut Reiten braucht Zeit

Lösende und gymnastizierende Arbeit sind der Schlüssel zu unsichtbaren Hilfen. Es sind die oft als mühsam und langweilig empfundenen Kleinigkeiten, wie z.B. das Üben von Tempo- und Gangartenwechseln, Biegearbeit, saubere Seitengänge, konsequentes Anhalten aus dem Trab und Schritt, taktreines Rückwärtsrichten, um die wichtigsten zu nennen, die endlich zu einem gutgerittenen Pferd führen. Es sind nicht spektakuläre Manöver wie Spins und Stops, fliegende Wechsel oder Piaffe und Passage. Diese sind beim talentierten Pferd das zwangsläufige Ergebnis richtig aufgebauter Arbeit. Sie sind jedoch äußerst schädlich, wenn sie zu früh mit einem nicht genügend vorbereiteten und gymnastizierten Pferd versucht werden. Das Pferd lernt dabei nur, sich gegen die zu diesem Zeitpunkt noch unausführbaren Forderungen des Reiters zu wehren und sich zu verspannen. Es lernt nicht, sich besser auszubalancieren, das Reitergewicht entspannter zu tragen und sensibler auf Hilfen zu

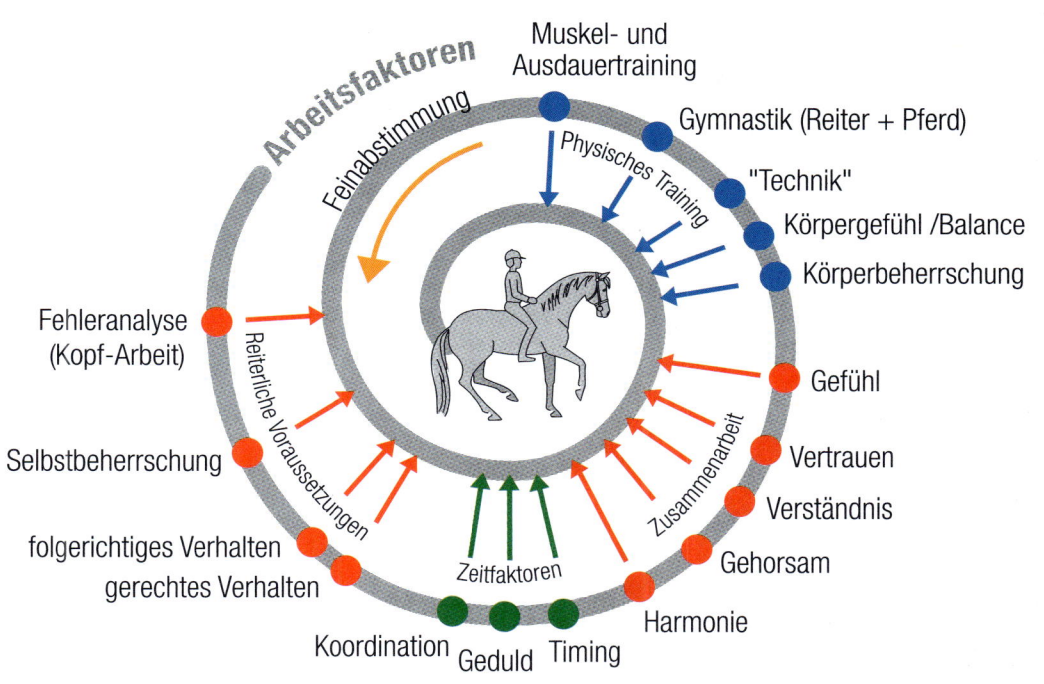

reagieren, was die Grundlage für jede schwierige Lektion ist.

Der moderne Pferde-Leistungssport lebt jedoch leider von Superlativen und „Super-Pferden" bzw. solchen, die es möglichst schnell werden sollen.

Manche halten eine Ausbildung im Schnelldurchlauf aus - viele andere werden auf diese Weise früh verdorben - sie werden widersetzlich, stumpfen ab oder sind vor lauter Spannung nicht zu sitzen. Die Möglichkeiten, wie ein Pferd auf zu hohe Anforderungen reagiert, sind vielfältig und temperamentsabhängig.

Vier- und fünfjährige Korrekturpferde mit Rückenschmerzen durch falsches Reiten oder Verhaltensstörungen durch falsche Haltung sind leider keine Seltenheit. Und wenn das Pferd erst einmal Arbeit unter dem Reiter mit etwas Unangenehmem verbunden hat, dauert es auch bei einfachen Übungen doppelt oder dreifach so lange, bis es wieder Vertrauen faßt. Die „Zinsen", die der ungeduldige Reiter für den ursprünglich beabsichtigten Zeitgewinn zahlen muß, sind extrem hoch.

Wir haben hier also noch einen Grundsatz für „richtige" Hilfengebung: die erforderliche Geduld des Reiters bei der Steigerung seiner Anforderungen.

Erleichterung der Hilfengebung: Gerade, aufrecht und im Schwerpunkt sitzen.

Im Kontext

Das Ganze ist mehr als die Summe seiner Teile

Harmonie zwischen Reiter und Pferd hängt maßgeblich vom Zusammenwirken der Hilfen ab. Im richtigen Zusammenspiel aller Einwirkungsmöglichkeiten des Reiters auf das Pferd sowie in der realistischen Einschätzung der betreffenden Situation, in der sich Reiter und Pferd gerade befinden, liegt aber auch die Schwierigkeit des „pferdegerechten" Reitens.

„Einzelne Hilfen", wie ein einzelner Schenkeldruck, dem das Pferd weicht oder eine Gewichtsverlagerung, der das Pferd folgt, sind in ihrer direkten Teil-Wirkung noch recht leicht nachzuvollziehen. Die „einzelne Hilfe" gibt es jedoch nicht. Hilfen wirken nicht isoliert, sondern immer im Kontext: Äußere Situation, Pferdeverhalten, Lektion und natürlich die anderen Hilfen, die gleichzeitig gegeben werden, spielen eine Rolle. Und da liegt für manchen Reiter das Problem.

Der Reiter muß zur richtigen Zeit die richtige Hilfenkombination auswählen. Ist das Pferd gut ausgebildet, aufmerksam und willig, wird es auf die richtige Kombination in gewünschter Weise reagieren.

Eine ganze Liste von Voraussetzungen muß dafür erfüllt sein:

Das Pferd

muß weit genug gymnastiziert sein, um die Forderung des Reiters körperlich erfüllen zu können.

Es muß die Forderung verstehen können.

Es muß den Reiter als ranghöher akzeptieren und ihm vertrauen.

Es darf keine Angst haben und soll seine volle Aufmerksamkeit auf den Reiter richten.

Der Reiter

muß in allen Gangarten ausbalanciert sitzen und seine einzelnen Körperteile unabhängig voneinander bewegen können.

Er muß die Intensität und vor allem die zeitliche Reihenfolge einzelner Teil-Hilfen steuern können.

Er muß locker genug sitzen, um Aktionen und Reaktionen des Pferdes (wie Spannungen oder einen beginnenden Widerstand) erfühlen zu können.

Er darf sich nicht bei einer Hilfe verspannen.

Und er muß schnell genug reagieren, um einer Absicht des Pferdes

Spielerisch lernen:
Hinschauen, wohin man reitet - und das „Lenken" geht von selbst.

Nur, wenn Sie die Aufmerksamkeit des Pferdes haben, können Sie es durch Ihre Hilfen beeinflussen.

nötigenfalls zuvorkommen zu können.

Die Koordination

ist eine diffizile Angelegenheit: Wenn nur einer der Parameter nicht stimmt, funktioniert oft schon das Ganze nicht mehr.
Vielleicht stimmt Ihr Timing nicht. Ihrem Pferd ist z.B. heute nicht nach Biegen zumute und es drängelt über die Schulter aus der Wendung. Überlegen Sie zu lange mit dem Gegensteuern, so ist das Pferd aus der Wendung ausgebüchst, bevor Sie sich recht sortiert haben. Sie waren einfach zu langsam.
Oder die Intensität der einzelnen Hilfen stimmt nicht. Besonders bei versammelnden Übungen fällt das Pferd manchmal einfach aus (in die nächstniedrige Gangart), weil Sie mit angezogener „Handbremse" fahren. Ihre treibenden Hilfen sind zu schwach, die verhaltenden zu stark.

Manchmal reicht auch das Gefühl oder die Erfahrung des Reiters noch nicht aus, um rechtzeitig zu spüren, zu welchen Aktionen oder Reaktionen ein Pferd gerade ansetzt. Die Liste ließe sich unbegrenzt fortsetzen. Die einzelnen Situationen lassen sich jedoch am besten im praktischen Reitunterricht durchspielen und würden den Rahmen des Buches sprengen. Was dieses kurze Kapitel jedoch leisten soll, ist das Verständnis für die

Zusammenhänge zu wecken.

Wenn alle Parameter stimmen, muß die Hilfengebung mit minimaler Krafteinwirkung möglich sein. Das Pferd reagiert dann auf den Gedanken des Reiters, der sich fast unbewußt in der Körpersprache, den Hilfen, manifestiert.

Hilfen werden prinzipiell nur dann gebraucht, wenn der Reiter eine Veränderung bei dem wünscht, was das Pferd gerade tut. Die Intensität der Hilfen richtet sich nach der Maxime: So stark und so oft wie nötig - so wenig und so unsichtbar wie möglich. Das heißt, daß der Reiter wirklich nur soviel Kraft aufwendet, wie nötig ist, um eine Reaktion zu bekommen und keinesfalls auch nur ein bißchen mehr. (Das wäre ja auch reine Kraftverschwendung.) Nach erfolgter Reaktion hört jede Hilfengebung sofort auf.

Kopf-Arbeit

Jeder Reiter wird bei jedem Pferd in jeder Reitweise immer mal wieder korrigierend eingreifen müssen - bei jungen oder schwierigen Pferden mehr, bei älteren, weit ausgebildeten Pferden weniger.

Es gibt kein Ideal-Pferd, bei dem nicht während der Ausbildung irgendwann Schwierigkeiten auftreten: gebäudebedingte, temperamentbedingte oder durch falsches Reiten bedingte.

Das eine Pferd versucht z.B. der Arbeit davonzulaufen und drückt dabei den Rücken weg, das andere macht einen Katzenbuckel, zieht sich zusammen und geht nicht mehr vorwärts. Eines hat im Galopp Probleme, ein anderes im Schritt. Übereifrige Pferde müssen anders gearbeitet werden als faule u.s.w. Junge oder steife Pferde werden fast immer erst einmal mit häufigeren und sichtbareren Hilfen geritten.

Erst mit fortschreitender Ausbildung kommt die Feinabstimmung dazu. Auch bei Korrektur-Pferden ist es oft schwierig, die groben Hilfen zu minimieren. Bei ihnen kann man sich manchmal mit ein paar Tricks helfen, um „durchzukommen", ohne sich auf einen Kampf oder unschönes Gezerre einzulassen. Die Bande leistet dabei unschätzbare Dienste. Will ein Pferd nicht anhalten und ignoriert Paraden, so kann man es einfach gegen die Bande laufen lassen - vor der Wand wird es schon stehenbleiben. Buckelt ein Pferd gern seine überschüssige Kraft aus, so soll es dies gefälligst an der Longe oder frei im Roundpen tun - das spart Nerven, schont Ihre Bandscheiben und das Maul des Pferdes. Rennt ein Pferd, so wird es gebogen gearbeitet. Sie sparen sich mit durchdachten Aktionen eine härtere Einwirkung mit der Hand. Will das Pferd den Schenkeldruck nicht annehmen, so können Sie es extrem nach der Seite stellen und biegen, auf der es gegen den Schenkel geht. Es weicht dann auf jeden Fall nach der anderen Seite aus (siehe auch Kapitel über die treibenden Hilfen).

Problem-Analyse

Es gilt, einfach bei Schwierigkeiten und Widersetzlichkeiten nachzudenken, Probleme zu analysieren und überlegt zu arbeiten - mit sowenig Druck wie möglich.

1. Betreiben Sie Ursachenforschung und versuchen, herauszufinden, ob es einen Grund für den Ungehorsam gibt (Schmerzen, Angst etc.).

2. Machen Sie dem Pferd eine unerwünschte Reaktion so unbequem wie möglich und eine erwünschte Reaktion so angenehm wie möglich. Nach dieser Richtlinie wird sich das Pferd irgendwann freiwillg für die angenehme (erwünschte) Variante entscheiden, wenn Sie es lange genug mit Korrekturen mit der unerwünschten Variante nerven. Seien Sie einfach sturer als Ihr Pferd, wenn Sie etwas wollen, was das Pferd nicht will. Aber werden Sie nicht grob dabei. Setzen Sie eher auf „Zermürbungstaktik" und hören Sie sofort auf, wenn das Pferd „richtig" reagiert.

3. Lenken Sie Ihr Pferd lieber ab, statt sich auf einen offenen Kampf einzulassen, den Sie wahrscheinlich verlieren.

Zuckerbrot und Peitsche

Faire Behandlung.
Richtiger Einsatz von
Belohnung und Strafe.

Bleiben Sie fair!
Dieser Leitsatz gilt für den
Umgang mit Menschen und
Pferden gleichermaßen.
Ein Mensch verzeiht Ihnen
meist einen ungerechten
Rüffel, wenn Sie sich später
entschuldigen. Bei einem
Pferd ist das schwieriger,
denn es lebt in der
Gegenwart und eine späte
Entschuldigung versteht es
nicht mehr.

Fairness

Ungerechte Behandlung, insbesondere ungerechtfertigte Strafen, aber auch sinnlose oder zur falschen Zeit gegebene Belohnungen, untergraben die Vertrauensbasis zwischen Reiter und Pferd. Das Vertrauen des Pferdes in die „Unfehlbarkeit" des Leittieres Mensch geht verloren.

Seien Sie autoritär

Weiterhin ist absolute Konsequenz im Verhalten des Menschen vonnöten. Er darf auf keinen Fall dem Pferd einmal etwas durchgehen lassen und es das nächstemal für das gleiche Verhalten strafen. Antiautoritäre Erziehung ist bei einem Pferd absolut fehl am Platz. Sie verhindert harmonisches Reiten und unsichtbare Hilfengebung, denn das Pferd lernt dabei nicht, die Wünsche des Reiters als absolut verbindlich anzusehen.

Strafen Sie nur, wenn Sie sicher sind, daß es notwendig ist!

Sind Sie im Zweifel, lenken Sie ab, statt zu strafen. Brechen Sie eine mißlungene Übung ab und probieren sie erst nochmal, bevor Sie dem Pferd die Schuld daran zuschieben. Und provozieren Sie ihr Pferd nicht zu Reaktionen, denen Sie nicht mehr gewachsen sind. Die Einschätzung, wann eine Strafe notwendig ist, ist nicht einfach. Strafen Sie Ihr Pferd für Nichtverstehen oder Nichtkönnen, so weiß es gar nicht, warum. Besonders ein charakterstarkes Pferd wird sich unter Umständen dann auch bei anderen Dingen widersetzen und in diesem

Das Pferd setzt Vertrauen in Sie als sein „Leittier" · enttäuschen Sie es nicht.

Zusammenhang auch die eine oder andere richtig gegebene Hilfe ignorieren. Überlegen Sie sich also gut, ob überhaupt, wie, warum und wann Sie strafen.

Verhätscheln Sie Ihr Pferd nicht!

Lassen Sie ihm Verletzungen Ihrer Autorität und „Privatspähre" durchgehen, so hat das den gleichen Effekt wie eine ungerechte Strafe: Das Pferd verliert den Respekt und mit dem Respekt das Vertrauen in den Menschen. („Alphatier Mensch" hat sich einen Übergriff gefallen lassen - das Pferd übernimmt naturgemäß die Führungsposition.)

Belohnen Sie sinnvoll und überlegt!

Tätscheln Sie Ihrem Pferd nicht automatisch nach jeder Lektion - ob gut oder schlecht gelungen - den Hals. Stopfen Sie ihm nicht dauernd ein Stück Zucker ins Maul. Belohnung an der falschen Stelle kann Fehler „festsetzen". Wenn das Pferd nach einer mißlungenen Übung belohnt wird, so verbindet es natürlich diese mißlungene Lektion mit der angenehmen Belohnung - und wird beim nächsten Mal wieder „falsch" reagieren, weil es ja dafür belohnt wurde.

Zudem sollten Sie überprüfen, ob das, was nach menschlichen Maßstäben als Belohnung oder Strafe gilt, auch für das Pferd die gleiche Bedeutung hat.

gen Zügel oder einfaches Stehenbleiben) zur Entspannung nach anstrengenden oder angstbesetzten Übungen werden vom Pferd oft dankbarer als Futter angenommen. Es gilt: Entspannung = Wohlbefinden = Belohnung.

Entspannung nach anstrengender Arbeit ist für das Pferd Belohnung.

von arttypischen Liebkosungen ist sicher die beste Möglichkeit, vom Pferd verstanden zu werden. Viele Pferd mögen es, wenn man sie am Hals „anpustet" oder leicht in die Nüstern bläst. Das Kraulen am Mähnenkamm oder zwischen den Ohren gehört auch zu diesen arttypischen Streicheleinheiten.

BELOHNUNG

Betrachten wir einmal kurz das Repertoire an pferdegerechten Belohnungen, die Ihnen zur Verfügung stehen.

1. Bekannteste Belohnung ist das Futter. Wird das Pferd jedoch dauernd mit Leckerbissen bedient, so verlangt es diese zunehmend auch, ohne daß es etwas dafür geleistet hat.

2. Ruhepausen (z.B. Schritt am lan-

3. Der Mensch kann dem Pferd ein Sicherheitsgefühl vermitteln, wenn er bei „spannenden" Lektionen ruhig und gelassen bleibt und ihm danach eine Ruhepause zum Nachdenken und „Luft rauslassen" gibt.

4. Beruhigende Laute mit tiefer, leiser Stimme empfindet das Pferd als angenehm.

5. Für das beliebte Streicheln und Klopfen als Belohnung muß der Mensch bei jedem Pferd die passenden Stellen suchen. Jedes Pferd hat da andere Vorlieben. Das Imitieren

STRAFE

Nun zu den „Ermahnungen", die ein Pferd verstehen kann:

1. Die erhobene, drohende Stimme mit kurzen, harten Lauten ist sensiblen Pferden meist schon Strafe genug.

2. Die Körperhaltung des Menschen ist oft ausreichend, um dem Pferd Respekt einzuflößen: Vermehrtes Aufrichten sowie entschlossene und gezielte Bewegungen.

3. Arttypische Strafen wie die Imitation eines Huftritts durch ein hartes ein- oder mehrmaliges Knuffen mit dem Schenkel werden vom Pferd verstanden und nicht übelgenommen. Sie sind normalerweise nur dann notwendig, wenn das Pferd es auf einen kleinen Machtkampf ankommen läßt.

4. Gerte, Peitsche und Sporen sollen nur im Notfall als Strafe eingesetzt werden. Sie werden als Hilfenverstärkung gebraucht und das Pferd darf keine Angst vor ihnen bekommen.

Mach mal Pause

Die Wichtigkeit

von Pausen bei der Arbeit

Jede Art von Training

basiert auf einer sinnvollen

Aneinanderreihung von

verschiedenen

Trainingsabschnitten.

Anstrengende,

arbeitsintensive Reprisen

wechseln mit

entspannenden, lösenden

Abschnitten.

Pausen an der richtigen Stelle zum „Verdauen" von Neugelerntem, zum Überdenken eines neu probierten Bewegungsablaufs oder zur Belohnung, wenn irgendetwas besonders gut geklappt hat, sind immens wichtig für einen Lernfortschritt. Das gilt für Pferd und Reiter gleichermaßen.

Reagiert Ihr Pferd zum ersten Mal auf eine neue Anforderung in gewünschter Weise, also richtig, so hören Sie auf, an dieser Übung zu arbeiten und legen eine Pause ein. Bei jungen Pferden empfiehlt es sich sogar, an diesem Tag komplett mit der Arbeit aufzuhören - auch wenn das Pferd erst zehn Minuten unter dem Sattel war. Der Lerneffekt ist enorm, wenn das Pferd weiß, nach gelungenen Übungen ist die Arbeit zu Ende. Das nächste Mal wird das Pferd wieder sehr willig den Hilfen des Reiters zu dieser Übung folgen, denn es weiß, daß es danach aufhören darf.

Wollen Sie noch nicht aufhören, lassen Sie Ihrem Pferd auf jeden Fall eine längere Pause: Schritt am hingegebenen Zügel oder einfaches Stehenbleiben. Ausgiebiges Lob ist natürlich ebenso wichtig.

Knoten im Kopf vermeiden

Auch das rechtzeitige Aufhören oder Abbrechen einer schwierigen Übung, an der man schon eine Weile herumgebastelt hat und die einfach nicht klappen will, ist wichtig.

Hören Sie dann auf, wenn - an diesem Tag, zu dieser Stunde - keine Fortschritte oder Verbesserungen mehr zu erwarten sind. Pferd und/oder Reiter haben manchmal den berühmten „Knoten im Kopf". Es geht einfach nichts mehr.

Ehe Sie selbst oder Ihr Pferd nun bis zum Ende aller Tage immer denselben Fehler wiederholen und lang-

Schicken Sie Ihr Pferd auf die Weide, wenn eine Lektion gut geklappt hat....

sam sauer werden, suchen Sie lieber nach einem passablen Kompromiß. Ein ordentlicher Abschluß der Trainingseinheit muß her, damit Sie guten Gewissens aufhören können, ohne daß der Mißerfolg sich „im Kopf festsetzt". Dazu können Sie die Anforderungen zurückschrauben, soweit wie nötig, um einen Anfangserfolg in dieser problematischen Lektion zu erreichen. Reagiert das Pferd im Ansatz richtig, wird es gelobt und die Arbeit abgebrochen. Wollen Sie z.B. ursprünglich eine Traversale im Trab und das Pferd blockiert die Bewegung, so können Sie die Anforderungen zurückschrauben und die gleiche Übung im Schritt ausführen. Danach sollte das Pferd noch ein paar Lektionen ausführen, die es gut kann oder noch etwas locker geritten werden, wenn es sich vorher verspannt hat. Erst danach kann man mit gutem Gewissen - und dem guten Gefühl, daß etwas geklappt hat, ganz aufhören und das Pferd in den Stall schicken.

Das oben Gesagte gilt jedoch nur, wenn man weiß, daß das Pferd die geforderte Übung noch nicht kann. Ab und zu muß jedoch auch eine Lektion durchgebissen werden. Das wird hauptsächlich bei Korrekturpferden der Fall sein, bei denen sich Fehler festgesetzt haben. Dann gilt die Maxime der „Zermürbungstaktik": Arbeiten Sie ruhig und

bestimmt an einer Übung, bis es dem Pferd zu dumm wird und es nachgibt. Es geht darum, einfach sturer zu sein als das Pferd, ohne es grob zu strafen oder sonstwie gegen sich aufzubringen. Die verdiente Ruhe bekommt es dann, wenn es „richtig" reagiert.

Nebenbei bemerkt, sind die Pausen auch für den Reiter von großer Bedeutung - aus den gleichen Gründen wie beim Pferd. Eine Pause nach einer gelungenen neuen Übung hilft dem Reiter dabei, das Gefühl für diesen Bewegungsablauf zu „speichern", sich daran erinnern zu können. „Aha-Erlebnisse" setzen sich besser fest , wenn sie nicht von neuen Eindrücken überdeckt werden.

Eine Pause vor der Wiederholung einer vom Reiter verpatzten Übung hilft beim erneuten „Sammeln" für die richtige Hilfenkombination.

.....oder bummeln Sie mit ihm zur Erholung ins Gelände.

1+1=1

Das gemeinsame Gleichgewicht

Gewichtige Gründe,

warum ohne Gleichgewicht nichts geht.

Im Idealfall sollen Reiter und Pferd eine Einheit bilden

und sich als Paar gemeinsam neu ausbalancieren.

Der Zentaur, das Pferd-Mensch-Wesen aus der

griechischen Mythologie ist das Paradebeispiel einer

solchen Einheit: ein Bewußtsein, ein Wille, ein Körper -

und dementsprechend keine Kompetenzstreitigkeiten

zwischen „oben" und „unten" und keine

Gleichgewichtsprobleme.

Wunderbar! Aber eben nur ein Mythos.

Otto-Normalreiter schlägt sich aber bei der Realisierung

der Einheit mit mancherlei Problemen herum.

Das Problem der Balance ist dabei eines der häufigsten

Hindernisse auf dem Weg zum „Zentaurn".

Zum einen hat der Reiter oft selbst Balanceprobleme,

zum anderen bringt er auch noch das Pferd aus dem

Gleichgewicht.

BALANCE

Sowohl Reiter als auch Pferd reagieren bei Balanceproblemen mit Verspannung, Hektik und Angst.
Die Angst, das Gleichgewicht zu verlieren, läßt viele Pferde „schnell" werden. Sie rennen dem Balanceproblem einfach davon und wollen durch schnelleres Auffußen ihre Beine wieder in eine stützende Position für den Körper bringen. Damit hofft so manches Pferd zu unrecht, seinem gewichtigen „Störfaktor" Reiter zu entkommen - und bringt ihn und sich selbst dabei noch mehr in Schwierigkeiten.
Andere Pferde bewegen sich kaum noch vorwärts, wenn der Reiter schief oder verkrampft auf ihnen sitzt. Sie brauchen so viel Kraft, um der Gleichgewichtsstörung durch den Reiter entgegenzuwirken, daß ihre Bewegungen schwunglos, stumpf und langsam werden. Effektive Hilfengebung ist jedoch nur möglich, wenn sich Reiter und Pferd im Gleichgewicht befinden. „Reiterliche Kraftakte" verhindern das Reiten im Gleichgewicht.

Aus dem oben Gesagten ergeben sich nun drei Hauptforderungen:
1. Der Reiter muß sein eigenes Gleichgewicht auf dem Pferd finden. Er darf die Balance des Pferdes nicht stören.
2. Das Pferd muß sich unter dem Reiter neu ausbalancieren. Dabei muß ihm der Reiter helfen.
3. Reiter und Pferd müssen einen gemeinsamen Schwerpunkt, ein gemeinsames Gleichgewicht, finden.

Sind diese drei Forderungen erfüllt, so steht der Einheit nichts Wesentliches mehr im Wege.

Das Gleichgewicht des Reiters

Der korrekte Sitz des Reiters auf dem Pferd ist der Schlüssel zum Reiten im Gleichgewicht. Alles schon mal gehört? Gut!
Korrekt bedeutet jedoch nicht einfach nur gerade. Manche Reiter sitzen durchaus gerade, sind dabei aber steif wie ein Stock und blockieren dadurch sich selbst und die Rückenbewegung des Pferdes. Korrekt bedeutet vielmehr: Sitzen Sie in allen Gangarten mit möglichst wenig Muskelanspannung. Nur, wenn Sie etwas von Ihrem Pferd wollen, dürfen Ihre Muskeln arbeiten.

Blockaden verhindern

Schwingen Sie in der normalen Vorwärtsbewegung locker „im Pferd" mit. Der Ausdruck „im Pferd" wird Ihnen vielleicht etwas merkwürdig vorkommen. Er be-

Locker und entspannt sitzen, wenn Sie nichts Spezielles von Ihrem Pferd wollen.

schreibt jedoch treffend das Gefühl des tiefen, stabilen Sitzes, das ein erfahrener Reiter hat, wenn er sich verwachsen mit dem Pferderücken fühlt. Ihr Allerwertester bleibt dabei wie angeklebt am Sattel haften. Keine Bewegung des Pferderückens kann Sie nach oben aus dem Sattel herauswerfen, wenn Sie tief sitzen.

Halten Sie dabei alle Teile Ihres Oberkörpers in der Senkrechten. Bringen Sie Ihren Schwerpunkt über den Schwerpunkt des Pferdes (Ihr Schwerpunkt liegt in aufrechter Sitzposition etwa in der Mitte zwischen Herz und Beckenknochen). Ihr Oberkörper darf (ohne besondere Absicht) weder nach vorn noch nach hinten, noch seitlich von der Senkrechten wegkippen. Die Wirbelsäule muß dazu ihre normale leichte S-Form behalten. Sie darf nicht „festgestellt" werden - d.h., nicht durch nach vorne oder hinten gekipptes Becken ein übertriebenes S (= Hohlkreuz) bilden oder im unteren S-Bereich gerade gestellt werden. Beides schränkt ihre stoßdämpfende Wirkung ein und damit die Möglichkeit des Reiters, die Bewegungen des Pferderückens über seine Wirbelsäule auszugleichen. (Wir reden im Moment nur vom entspannten Normalsitz. Um später auf das Pferd einzuwirken, kann und soll das Becken durchaus kurzfristig gekippt werden - dazu in den folgenden Kapiteln mehr.)

Wer bei den schnellen Manövern eines Cuttingpferdes nicht im Gleichgewicht sitzt, gerät schnell in Gefahr, herunterzufallen.

Spannen Sie einen oder mehrere Muskeln im Bereich des Oberkörpers (z.B. Bauch, Rücken, Gesäß, Schulter) bzw. der angrenzenden Körperteile (Oberschenkel, Knie, Oberarme, Nacken, Kinn etc.) an, so blockieren Sie damit die freie Beweglichkeit Ihrer Wirbelsäule. (Probieren Sie es aus - versuchen Sie, einen einzelnen Muskel im Oberschenkel oder in der Schulter zu spannen, ohne Ihren Rücken zu bemühen.) Und Sie blockieren damit natürlich auch die Bewegung

des Pferdes, denn Ihr eigenes Gewicht drückt weniger gut gefedert auf dessen Rücken.

Aber auch Muskeln, die weiter vom Rumpf und der Wirbelsäule entfernt sind, können sich auf die Losgelassenheit des Sitzes auswirken. Sind Ihre Unterarme (und damit die Handgelenke) verkrampft, so wirkt diese Verkrampfung bis in die Oberarme und den Schultergürtel und blockiert so mittelbar Ihre Wirbelsäule. Außerdem findet Ihre verkrampfte Hand keine weiche Verbindung zum Pferdemaul. (Handfehler, wie rechts abgebildet, haben deswegen „weitreichende" Konsequenzen und ihre Korrektur ist keine reine „Stilfrage"). Sind die Fußgelenke steif, so wirkt sich dies auch auf die Oberschenkel aus u.s.w.

Alle Muskelgruppen beeinflussen sich gegenseitig und erhöhen, wenn sie unnötig angespannt werden, die Grundspannung in Ihrem Sitz. Mit der hohen Grundspannung können Sie sich jedoch selbst aus dem Sattel hebeln. Spannen Sie Ihre Oberschenkelmuskeln über Gebühr an, so drücken Sie sich dabei nach oben aus dem tiefen Sitz heraus. Der untere Teil der Wirbelsäule wird blockiert, die Gesäßknochen „haften" nicht mehr am Sattel. Verspannen Sie Schultern, Nacken oder Kinnpartie, so blockieren Sie damit den oberen Teil Ihres Wirbelsäulen-S mit gleichem Effekt. Jede bewußte oder unbe-

wußte „Anstrengung" auf dem Pferd erhöht Ihre Grundspannung. Angst oder Nervosität haben die gleiche Wirkung.

Reiten ist die Kunst, Kraftakte zu vermeiden

Fassen wir zusammen: ausbalanciert sitzen heißt, mit möglichst wenig Anstrengung zu sitzen. Nur dann wird das Pferd in seinen Bewegungen nicht gestört und nur dann können die „Absichten" des Pferdes rechtzeitig erfühlt werden, um richtig und schnell zu reagieren.

Ausbalanciert sitzen heißt aber auch, daß der Reiter eine gewisse Grundbeweglichkeit besitzen muß. Sind bestimmte Muskelgruppen nicht dehnfähig oder bestimmte Körperpartien steif, so passiert das Gleiche, wie bei unbewußter oder bewußter Anspannung - Teile des Reiterkörpers sind blockiert.

Sitz und Hilfen im Bewegungsrhythmus

Balance und Einwirkung in den einzelnen Gangarten
Wie bleibt der Oberkörper in den verschiedenen Bewegungen des Pferdes in seiner senkrechten Position? Muß er überhaupt immer senkrecht bleiben?

1. richtig: Arme locker aus der Schulter heraus fallen lassen. Die Handgelenke sind beweglich.
2. falsch: Reiten mit „Henkeltöpfchen". Dabei verspannen sich Schultern und Handgelenke.
3. falsch: Heruntergedrückte Hand. Schulter, Ellbogen und Handgelenk sind blockiert.

4. richtig: Die Hände ohne „Knick im Gelenk" vor sich tragen.
5. richtig: Die Zügelbrücke.
6. falsch: Verdeckte Hände - durch die Innendrehung kommt der Ellbogen nach außen (siehe Bild 2).
7. falsch: Nach außen abgeknickte Handgelenke. Eine weiche Handeinwirkung ist so nicht möglich.

Wie bringt der Reiter das Pferd dazu, Schritt, Trab und Galopp zu gehen?

SCHRITT

Körpergefühl im Schritt entwickeln

Der Schritt stellt für Reiter und Pferd die geringste Schwierigkeit dar. Das Pferd hat immer drei seiner Beine auf dem Boden, der Reiter wird nicht „geworfen", weil der Rücken des Pferdes sich nicht in schwungvoller Aufwärtsbewegung hebt. Das Pferd hat keine Angst, sein Gleichgewicht zu verlieren, denn nur ein Bein befindet sich nicht in Stützposition. Sie als Reiter haben keine Probleme, weil der Schritt des Pferdes Ihrem eigenen „zweibeinigen Schritt" ähnelt. Im Schritt können Sie alle Sitzübungen und Korrekturen, jede Art von Gymnastik problemlos und vor allem weitgehend angstfrei ausführen. Sie können sich voll auf Ihr Körpergefühl konzentrieren - können erfahren, wie erhaben und sicher Sie sich fühlen, wenn Sie sich stolz „zu maximaler Größe" aufrichten und wie klein und unbedeutend Sie sich vorkommen, wenn Sie zusammengesunken wie ein Häuflein Elend auf dem Pferderücken hocken. Ihr Körpergefühl teilt sich dem Pferd über Ihre Haltung deutlich mit. Ist das Gefühl der Erhabenheit, der Aufrichtung, der Größe im Schritt entwickelt, so fällt es Ihnen in den anderen Gangarten, bei denen der aufrechte Sitz noch notweniger wird, um die Balance nicht zu verlieren, leichter, ihn wiederzufinden und sich an das richtige Gefühl zu erinnern.

Für die Schritthilfen gilt: Das Pferd holt sich seine treibenden Hilfen für den Schritt mehr oder weniger von selbst. Durch die schreitende Viertakt-Bewegung des Schritts nähert der Bauch des Pferdes sich von allein abwechselnd rechts und links Ihrem locker anliegenden Unterschenkel. Im Schritt treibt der Reiter also wechselseitig - mit am Gurt liegenden Schenkeln. Versuchen Sie nicht, mit Ihrem Oberköper Schwung zu holen und damit im Schritt zusätzlich zu treiben. Durch diese pendelnde Bewegung des Oberkörpers wird das Pferd mehr im Rücken gestört als getrieben. Statt dessen bleibt Ihr Oberkörper so ruhig wie möglich, ohne sich zu versteifen. Richtlinien für die Zügelhilfen gelten für alle Gangarten gleichermaßen und werden in den folgenden Kapiteln näher beschrieben.

TRAB

Im Trab kommt neben der Vorwärtsbewegung eine deutliches Abfedern des Pferdes nach oben

37

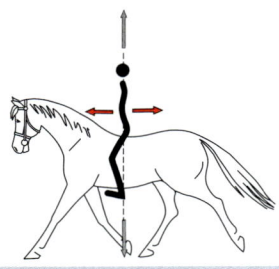

Richtiger Sitz im Trab:
Der mittlere Teil der Reiter-
Wirbelsäule federt die Aufwärts-
bewegung des Pferderückens ab -
der Reiter bleibt aufrecht sitzen.

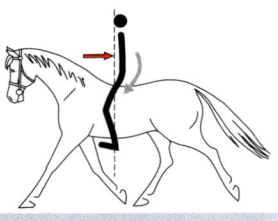

Die blockierende Kreuzhilfe im Trab:
Die Wirbelsäule steht „am hinteren
Anschlag". Damit blockiert der Reiter
das Pferd im Rücken. (Dauerndes
Reiten mit „angezogenem Kreuz"
stumpft das Pferd jedoch ab gegen
die Kreuzhilfe.)

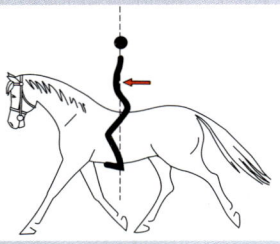

falsch:
Normal-Sitz mit Hohlkreuz.
Die Wirbelsäule des Reiters steht am
„vorderen Anschlag" und federt nicht
mehr - der Sitz wird instabil.

falsch:
Sitz mit rundem Rücken.
Der Reiter sitzt auf dem Ober-
schenkel, der Kopf hängt, die
Schultern fallen nach vorne, die
Wirbelsäule steht am „hinteren
Anschlag" und kann nicht mehr
federn.

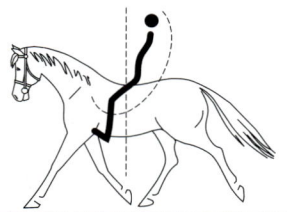

falsch:
Stuhlsitz.
Schenkel- und Gewichtshilfen können
nicht zielgenau gegeben werden.
Oft sind die Arme dabei nach vorne
gestreckt und die Schultern ver-
krampft.

hinzu. Sie werden nach oben „geworfen" - je mehr Schwung das Pferd entwickelt, um so stärker. Diese schwungvolle Bewegung nach vorne-oben fangen Sie durch die S-Form Ihrer Wirbelsäule ab. Sie können sie keinesfalls durch Klemmen mit den Oberschenkeln (das berüchtigte Klammern) ausgleichen; wie schon beschrieben behindert nämlich eine dauernde Spannung in den Muskeln den losgelassenen, geschmeidigen Sitz. Das Gefühl, schwer und groß zu sein, kann Ihnen bei der Losgelassenheit helfen. Stellen Sie sich vor, nach oben und nach unten zu wachsen - Ihre Beine sind extrem schwer und „ziehen" nach unten; Ihr Kopf „wächst" nach oben aus den Schultern heraus - ohne daß die Schultern dabei angehoben werden. Die Oberarme hängen aus der Schulter senkrecht herunter. Ihre Schulter selbst ist ohne Spannung; das krampfhafte „Brust raus" mit Zurücknehmen der Schulterblätter ist ein falsches Relikt aus militärischem Drill, denn es versteift Ihren Nacken, Ihre Schulter und damit den ganzen Arm. Vermeiden Sie aber auch einen „Katzenbuckel" mit vorfallender Schulter und eingezogenem Kinn. Mit beidem wird der obere Teil der Wirbelsäule blockiert. Der Katzenbuckel mit gleichzeitig vorgeschobenem Kinn läßt zusätzlich Ihren Kopf wackeln, als ob Sie einen Regenwurm verschlucken wollten. Das sieht erstens nicht besonders elegant aus und verhindert zweitens korrekte Gewichtshilfen.

Pferde mit viel Schwung verdeutlichen fehlende Losgelassenheit im Sitz des Reiters. Drücken Sie sich nicht davor, solche anfangs unbequem erscheinenden Pferde zu reiten. Auf ihnen lernen Sie sitzen.

Marsch-erleichterung

Im Trab hat nun der Reiter (Pferd sei dankbar) zusätzliche Möglichkeiten, die Stöße des Pferderückens auf seine eigene Wirbelsäule abzumildern und damit seinen Rücken und den des Pferdes zu schonen - nämlich das Leichttraben oder auch den leichten Sitz. Beim Leichttraben berührt Ihr Gesäß nur bei jedem zweiten Trabtakt den Sattel. Im leichten Sitz kommt es überhaupt nicht in den Sattel. Federn Sie stattdessen über Knie, Oberschenkel und Fußgelenk die Bewegungen des Pferderückens ab. Stabilisieren Sie dabei Ihren Oberkörper durch einen leichten „Entenarsch", ein minimales Hohlkreuz (Achtung: dieses Hohlkreuz ist nur im leichten Sitz und im Leichttraben notwendig und erlaubt!)

Leichttraben: richtiges Einsitzen - das Gewicht bleibt leicht auf dem Oberschenkel.

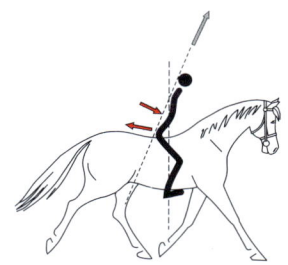

richtiges Leichttraben:

Der Reiter knickt aus der Hüfte leicht nach vorn ab.
Minimales Hohlkeuz und leicht nach hinten gestrecktes Gesäß geben dem leichten Sitz Stabilität.

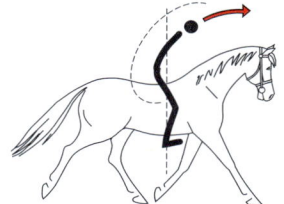

falsch:
Leichttraben mit rundem Rücken.
Der Reiter hängt auf der Vorhand und klammert mit den Knien, um sein Gleichgewicht zu erhalten.

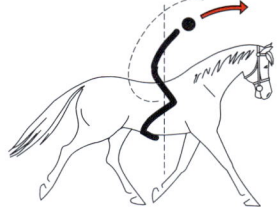

falsch:
Noch schlimmer: Leichttraben wie ein Fragezeichen - der Reiter hat zusätzlich die Unterschenkel zu weit hinten - sein Sitz wird noch wackliger.

Trab: Aufrichtung der Reiterin im Oberkörper: der Kopf „wächst" nach oben aus der Schulter heraus, die Beine werden nach unten „gezogen".

Beim nachfolgend ausgesessenen Trab-Takt lehnt sich der Reiter nun auf keinen Fall zurück oder versucht, eine völlig aufrechte Position zu erreichen, wie er sie im ausgesessenen Trab hat. Versuchen Sie es und Sie werden merken, wie leicht Sie dabei „hinter die Bewegung" geraten können und dem Pferd mit einem Plumps in den Rücken fallen. Lassen Sie stattdessen Ihr Gewicht leicht auf den Oberschenkeln und berühren mit den Gesäßknochen nur kurz den Sattel, bevor Sie sich wieder werfen lassen.

Je flotter das Pferd im Leichttraben vorwärts geht und je länger es seinen Hals vorwärts-abwärts streckt, um so stärker kann Ihr Oberkörper nach vorne von der Senkrechten abknicken. (Hängen Sie Ihrem Pferd jedoch nicht wie ein Sack auf der Schulter.) Wollen Sie das Pferd stärker versammeln und mit dem Leichttraben nur dessen Rücken schonen, so sitzen Sie aufrechter, d.h. stärker an die Senkrechte angenähert.

Der Reiter trabt auf dem äußeren Hinterfuß leicht. Natürlich trabt nicht der Reiter, sondern das Pferd. Trotzdem heißt es im Reiterlatein so und nicht anders. Außen ist die gedehnte Seite des Pferdes, innen ist die hohle Seite des Pferdes, nach der es gestellt und gebogen ist (siehe auch Seitengänge, Biegen). Wenn

Fangen wir mit dem Leichttraben an. Beobachten Sie einmal leichttrabende Reiter: Manche stehen auf, als ob es sie immens viel Kraft kostet, sich vom Pferderücken zu lösen (wenn das so wäre, dürfte eigentlich kaum einer ein Problem mit dem ruhigen Sitzenbleiben haben). Andere kippen mit dem Oberkörper beim ersten Takt nach vorne, beim zweiten nach hinten und dann wieder nach vorne - und bringen sich und das Pferd damit aus der Balance. Falsch ist es auch, den Bügel wie einen Leitertritt zu benutzen und sich beim Aufstehen aus dem Bügel hochzudrücken wie beim Treppensteigen. Die dabei durchgedrückten Knie

machen den Sitz instabil und behindern die Balance.
Den routinierten und sicheren Reiter erkennen Sie oft an seiner Art, leichtzutraben. Er steht nicht auf, sondern läßt sich von der Aufwärts-Bewegung des Pferderückens „hochwerfen". Dabei knickt er den Oberkörper ganz leicht in den Hüftgelenken nach vorne ab, so daß ein kleiner Teil seines Gewichtes auf den Oberschenkeln ruht. Die Knie und die Hüftgelenke dienen als Drehpunkte. Der Oberkörper bleibt zwischen Schultern und Hüften in sich gerade und leicht vorwärtsorientiert. Der Reiter streckt ganz leicht seinen Allerwertesten nach hinten heraus.

Sie auf dem äußeren Hinterfuß leichttraben, bedeutet das: Sie stehen auf, wenn die äußere Schulter des Pferdes vorgeht und setzen sich, wenn die innere Schulter vorgeht. Da der Trab ein diagonaler Zweitakt ist (inneres Hinterbein tritt gleichzeitig mit äußerem Vorderbein vor, äußeres Hinterbein gleichzeitig mit innerem Vorderbein), belasten Sie also dann den Rücken des Pferdes, wenn das äußere Hinterbein vortritt. Dadurch muß das äußere Hinterbein etwas mehr tragen, das innere kann freier vortreten. Das erlaubt eine bessere Biegung des Pferdes nach innen, weil es den inneren Fuß besser unter seinen Schwerpunkt setzen kann.

Einzige Ausnahme ist das Leichttraben während der Traversale (siehe Seitengänge). Dabei trabt der Reiter auf dem inneren Hinterbein leicht; er steht auf, wenn die innere Schulter vorgeht. Damit erleichtert er es dem Pferd, den äußeren, unbelasteten Hinterfuß seitlich vor den inneren zu setzen - also vorwärtsseitwärts überzutreten.

Zwischen dem leichten Sitz und dem Leichttraben bestehen nur minimale Unterschiede. Tickt der Reiter im flotten Leichttraben beim Einsitzen den Sattel mit dem Gesäß nur noch kurz an, so bleibt er beim leichten Sitz auf dem Oberschenkel sitzen und balanciert sich gleichmäßig über die Drehpunkte

Die Richtlinien für das Sitzen im Gleichgewicht gelten in jeder Reitweise - westerngerittenes Pferd in einer Rechtswendung im Trab.

Hüftgelenk, Kniegelenk und Fußgelenk aus. Sein Gesäß kommt nicht mehr direkt in den Sattel. Sein Gewicht ruht zum größten Teil auf dem Oberschenkel und nur zum geringeren Teil im Bügel. Er steht auf keinen Fall mit durchgedrücktem (geradem) Knie im Bügel, denn in dieser Haltung hat er keinerlei Stabilität.

Das Knie ist der Haupt-Angelpunkt für die Balance im leichten Sitz. Es sollte nicht verrutschen. Das verhindert der Knieschluß durch Anspannen der inneren Oberschenkelmuskeln (Adduktoren). Der leichte Sitz ist die Ausnahme von der Regel,

was die Spannung in den Adduktoren angeht. Führt deren andauernde Spannung ausgesessen zum falschen Klammern und zur Instabilität des Sitzes, so brauchen Sie im leichten Sitz eine leichte Spannung im Oberschenkel zur Stabilisierung.

Zur Einleitung des Trabs und zur Verstärkung des Tempos im Trab treiben Sie mit beiden Schenkeln gleichzeitig (nicht wie im Schritt wechselseitig). Drücken Sie dazu beide Unterschenkel leicht an den Bauch des Pferdes. Reagiert es nicht, so wiederholen Sie die Bewegung mehrmals kurz hintereinander, ähnlich einer Pump-Bewegung.

GALOPP

„Rollen" Sie in den Galopp

richtiger Sitz im Galopp:
Das Becken des Reiters führt eine
Roll-Bewegung aus.
Der Oberkörper des Reiters bleibt
dabei jedoch aufrecht.

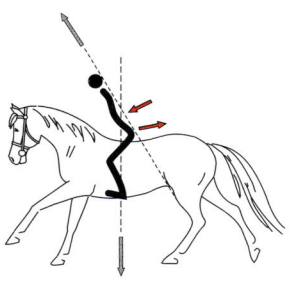

richtiger leichter Sitz:
Die Roll-Bewegung des Beckens bleibt
prinzipiell die Gleiche - der Reiter knickt
jedoch in der Hüfte nach vorn ab und
nimmt das Gesäß aus dem Sattel.
Leichtes Hohlkreuz und „Entenarsch"
geben Stabilität.

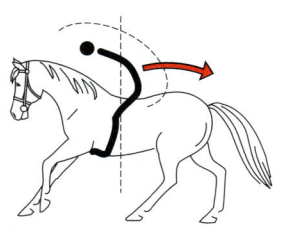

falsch:
Instabiler Sitz mit vorgestreckten Beinen
und rundem Rücken - der Reiter droht,
nach hinten zu kippen und muß sich am
Zügel festhalten, um sein Gleichgewicht
zu erhalten.

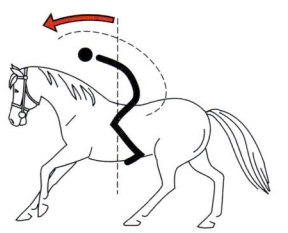

falsch:
Leichter Sitz mit rundem Rücken.
Der Reiter sitzt instabil. Er droht, nach
vorne zu kippen und klammert mit den
Knien.

Der Galopp verlangt wieder eine andere Grundbewegung. Der Galopp besteht aus einer Aneinanderreihung von einzelnen Sprüngen. Je nach Versammlungsgrad beschreibt der Pferderücken einen flacheren, weiten oder einen höheren, kurzen Bogen. Lassen Sie Ihre Hüfte eine „runde" kreisende Bewegung ausführen, um diese Bewegung des Pferderückens nachzuempfinden.

Es ergibt sich ein „rollendes" Bewegungsbild: Die Hüfte wird bei jedem Galoppsprung vorgeschoben und mit einer Kippbewegung im Becken verbunden (= unterer Beckenbereich nach vorne, oberer Beckenkamm nach hinten). Der Oberkörper bleibt aufrecht. Bei jedem neuen Galoppsprung nähern sich Ihre Rippen den Hüftknochen; dazu spannen Sie Bauchmuskeln, Hüft-Lendenmukulatur und den Gesäßmuskel an. Rollen Sie also bei jedem neuen Galoppsprung das Becken nach vorne-oben in Richtung der unteren Rippenbögen und entspannen dann die Muskeln wieder. Sinken Sie beim Entspannen tief ins Pferd ein und rollen den nächsten Galoppsprung wieder mit Hüfte und Becken nach vorn auf.

Wichtig ist, daß die Bewegung von unten nach oben gerollt wird. Also nicht von oben aus dem Oberkörper zusammensacken - auch dann nähern sich zwar die Rippen der Hüfte, doch würde diese Bewegung den Pferderücken blockieren - also zum Anhalten oder Verlangsamen führen, statt den Galopp zu unterstützen (siehe Kapitel „Das Kreuz mit dem Kreuz).

Der leichte Sitz im Galopp unterscheidet sich nur durch den veränderten Bewegungs-Rhythmus von dem des Trabes. Sie balancieren sich wie im Trab über Knie, Fußgelenk und Hüftgelenk und das Hohlkreuz

aus. Doch wird die Galoppbewegung auch im leichten Sitz mit der leicht rollenden Bewegung des Beckens und der Hüfte von unten nach oben unterstützt. Lenden- und Bauchmuskel steuern dabei die Intensität des Hohlkreuzes. Rollt das Becken nach oben, verschwindet das Hohlkreuz, um wieder zu erscheinen, wenn die Rollbewegung zu Ende ist. Die Stellung der Lendenwirbelsäule verändert sich daher beim rhythmischen Mitschwingen des Galoppsprunges im leichten Sitz fast genauso wie beim Aussitzen, nur daß das Gesäß nicht in den Sattel kommt.
Den leichten Sitz durch Stehen im

sehr kurzen Bügel und mit rundem Rücken des Reiters sieht man oft bei Jockeys. Diese Art des Balancierens über dem Pferd hat im Galopprennsport seine Berechtigung, da der Rücken des Pferdes völlig frei ist. Für eine Einwirkung auf das Pferd ist ein solcher Sitz jedoch ungeeignet, zum einen aufgrund seiner geringen Stabilität, zum anderen weil eine Feinabstimmung damit nicht möglich ist.

Rechts und links

Wir unterscheiden Rechts- und Linksgalopp über die Fußfolge des Pferdes. Auf der rechten Hand (d.h.

Rechtsgalopp: Starkes Abdrücken des Pferdes aus der Hinterhand.

Galopphilfen

Deutlichere Hilfen bei Schwierigkeiten: Hinterhand etwas nach innen stellen, Parade am äußeren Zügel.

Angaloppieren rechts: äußerer Schenkel liegt hinter dem Gurt, innerer Schenkel am Gurt. Mit dieser Beinhaltung schiebt der Reiter automatisch die innere Hüfte vor.

rechtsherum in der Reitbahn) sollte das Pferd Rechtsgalopp gehen, auf der linken Hand (linksherum) Linksgalopp. Der Rechtsgalopp beginnt mit dem Vorgreifen des linken Hinterbeines; dann folgen rechtes Hinterbein und linkes Vorderbein und zum Schluß das rechte Vorderbein. Dieses rechte Vorderbein führt optisch, d.h. der Reiter sieht es weiter vorgreifen als das linke. (Linksgalopp entspr. rechts hinten, dann links hinten und rechts vorne, dann links vorne = führendes Bein). Die Hilfen für den Rechtsgalopp: Der Reiter treibt mit dem inneren (rechten) Schenkel am Gurt und mit dem linken (äußeren) Schenkel hinter dem Gurt (etwa eine Handbreit). Durch diese asymmetrische Schenkellage schiebt er automatisch die rechte (innere) Hüfte ganz leicht vor und empfindet damit den im Grunde asymmetrischen Galoppsprung nach. (Denken Sie sich einen „Rösselsprung", so wie Kinder ein galoppierendes Pferd nachahmen. Ein Bein führt, das andere wird nachgezogen - so ähnlich sitzen Sie zum Angaloppieren auf dem Pferd.) Die rechte Hand gibt nach und damit die innere Schulter des Pferdes frei (es kann dann besser vorspringen). Der linke (äußere) Zügel erhält die Haltung des Pferdes mit einer halben Parade (siehe dort).

(Westernreiter stellen oft junge Pferde sogar leicht nach außen - im

obigen Fall nach links -, um sie anzugaloppieren, um der inneren Schulter noch mehr Raum zu geben.)
Für den Linksgalopp sehen die Hilfen entgegengesetzt aus: rechter Schenkel hinter dem Gurt, linker am Gurt, linker Zügel gibt nach, rechter Zügel gibt Paraden.

Der Oberkörper des Reiters bleibt beim Angaloppieren in der klassischen Reitweise völlig senkrecht; eine schiebende Bewegung des Beckens nach vorne (siehe „Das Kreuz mit dem Kreuz") rundet die Galopphilfen ab.
Manche Reiter hingegen gehen mit dem Oberkörper ganz leicht in Bewegungsrichtung vor. Dem liegt zugrunde, daß das Pferd der Gewichtsverlagerung des Reiters nach vorne - in den Galopp hinein - folgen soll.
Diese Methode hat den Nachteil, daß das Pferd den Galopp mit sehr starkem Vorwärtsschub beginnt - es kann dabei leicht „schnell" werden, wenn es noch nicht gut ausbalanciert ist.
Bleibt der Oberkörper gerade, so springt das Pferd mehr „aufwärts" im Galopp an, denn es paßt seinen Schwerpunkt dem des Reiters an, der ja in der aufrechten Position etwas weiter hinten liegt als in der leicht vorgeneigten. Der erste Galoppsprung ist in diesem Fall von Anfang an etwas kürzer und versammelter.

Der ausbalancierte Sitz ermöglicht es Ihnen nun, das Pferd nicht zu stören. Sie können Ihren Schwerpunkt dem Tempo und dem Versammlungsgrad des Pferdes anpassen. Sie müssen nicht mit Ihren Gliedmaßen „rudern", um die Stabilität Ihres Oberkörpers zu erhalten. Durch die gezielte, kontrollierte Bewegung Ihrer Gliedmaßen in Verbindung mit Schwerpunktverlagerungen können Sie das Pferd jetzt nach Ihren Wünschen beeinflussen, vorausgesetzt, das Pferd ist mit dem reiterlichen Zusatzgewicht ausbalanciert. Damit kommen wir also zu Punkt 2 unserer eingangs formulierten Forderungen.

SCHUTZ

Balance zum Schutz des Pferdes
Muskulatur, Tragkraft und Schwerpunkt

Das Pferd muß sich unter dem Reiter neu ausbalancieren.
Das bedeutet im Einzelnen: Es muß lernen, das Reitergewicht auf möglichst kraftsparende und knochenschonende Weise zu tragen.

Und es lernt später, auf das Reitergewicht zu reagieren und seinen eigenen Schwerpunkt nach vorne, hinten bzw. seitlich zu verlegen, wenn es nötig ist.

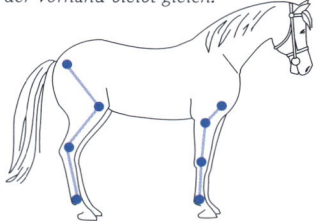

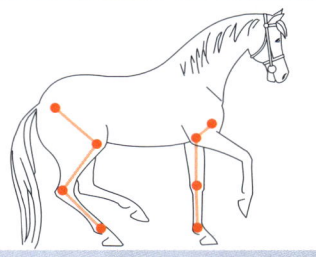

Federwirkung bei der Hankenbiegung: links in der Piaffe,

unten im schematischen Vergleich: stehendes Pferd - piaffierendes Pferd. Die Stellung der Knochen in der Hinterhand zueinander verändert sich durch die Winkelung - die Stützfunktion der Vorhand bleibt gleich.

Warum es sich neu ausbalancieren muß, liegt auf der Hand: Der Reiter samt Sattel stellt ein erhebliches Gewicht dar, welches durch seine Position auf dem Pferderücken die schwächere, weniger bemuskelte Vorhand des Pferdes auch noch stärker belastet als die kräftigere Hinterhand. Die Hinterhand mit der Winkelung in den Gelenken Hüfte, Knie- und Sprunggelenk (= Hanken) kann durch vermehrtes Biegen dieser Gelenkgruppe (Hankenbiegung) Federkraft entwickeln. Die Muskulatur der Hinterhand wird dadurch

zum Tragen ausgebildet und das Pferd trägt das Reitergewicht über die Muskeln, nicht „auf den Knochen". Die Vorhand dagegen eignet sich eher für Stützfunktionen: Ihre Gelenke sind (mit Ausnahme des Buggelenks) nicht gewinkelt - eine Federwirkung kann nicht erreicht werden. Die Belastung durch das Gewicht des Reiters überträgt sich also weitgehend ungefedert auf die Gelenke und Sehnen. Bleibt das Hauptgewicht von Reiter und Pferd auf der Vorhand, so führt dies dort zu Überlastungsschäden.

Um sein und Ihr Gewicht mehr mit der Hinterhand zu tragen, muß das Pferd seinen Schwerpunkt nach hinten bringen. Sie helfen ihm dabei, indem Sie es durch Verlagerung Ihres eigenen Schwerpunktes nach hinten dazu auffordern. Das Pferd muß dazu seine Hinterbeine vermehrt nach vorne unter seinen Schwerpunkt schieben sowie die Vorhand anheben. Für das untrainierte, ungymnastizierte Pferd bedeutet dies jedoch eine große Anstrengung und es wird Ihrer Aufforderung nicht unbedingt Folge leisten. Schenkel- und Zügelhilfen (siehe dort) müssen Ihrer Forderung deswegen Nachdruck verleihen. Daß die Hinterhand eines untrainierten Pferdes nur durch langsamen Muskel-Aufbau zum stärkeren Tragen herangezogen werden kann,

Bei einem Pferd mit weggedrücktem Rücken können sich die Dornfortsätze der Wirbel berühren. Schmerzhafte Entzündungen, Knochenauftreibungen und schließlich sogar verwachsene Dornfortsätze können die Folge sein.

Das versammelte Pferd, welches „mit der Muskulatur trägt" hat genug Platz zwischen den Dornfortsätzen.

sollte nach der Lektüre des Abschnitts „Ohne Fleiß keinen Preis" klar sein.

Der Rücken ist prinzipiell ein weiterer Schwachpunkt, was seine Eignung zum Tragen eines Gewichtes angeht. Viele Pferde, die nicht gelernt haben, einen Reiter richtig (= über die trainierte Muskulatur) zu tragen, haben Rückenschmerzen, verspannen sich deswegen und lassen den Reiter schlecht sitzen. Schäden an der Wirbelsäule und eine Schmerzreaktion des Pferdes bis hin zu massiven Widersetzlichkeiten wie unkontrolliertes Rennen (das Pferd versucht, dem Schmerz davonzulaufen) oder Bocken ist die Folge. Es ist also wichtig, die Muskulatur des Pferderückens langsam und vorsichtig unter dem Reiter zu stärken, um seine Tragkraft zu erhöhen. Auch dies ist eine Grundforderung effektiver und richtiger Hilfengebung. Ein Pferd, welches „mit den Muskeln trägt", spannt Bauch-, Rücken- und Nackenmuskeln an, und verhindert damit, daß seine Wirbelsäule sich unter dem Reitergewicht nach unten durchbiegt und sich dadurch die Wirbel an den oberen Dornfortsätzen berühren (Kissing Spine). Die Oberlinie des in dieser Form „richtig" gerittenen Pferdes hat die Form eines nach oben gleichmäßig gewölbten Bogens (Spannungsbogen). Ist dieser Bogen ungleichmäßig, so stimmt etwas nicht: Wird

er hinten flacher, so tritt die Hinterhand nicht genug unter; wird er vorne enger, so überrollt sich das Pferd, seine Nase kommt hinter die Senkrechte (Näheres siehe Zügelhilfen).

Helfen Sie dem Pferd, seine Muskulatur zum Tragen auszubilden. Sie als Reiter haben die Möglichkeit und die Pflicht, Schadensbegrenzung für das Pferd zu betreiben. Für Ihre eigene Bequemlichkeit hat diese schadensbegrenzende Hilfengebung den angenehmen Begleiteffekt, daß ein richtig gymnastiziertes Pferd weich zu sitzen und mit wenig Kraft zu reiten ist.

1+1=1

Zwei Wesen - ein Gleichgewicht

Reiter und Pferd im gemeinsamen Gleichgewicht durch wechselseitige Schwerpunktanpassung.

Für das gemeinsame Gleichgewicht können Sie sich dem Pferd, das Pferd sich aber auch Ihnen anpassen.

Beides wird normalerweise Hand in Hand gehen und ist zusätzlich abhängig von der Situation, von den Problemen des Pferdes und den speziellen Schwierigkeiten des Reiters, von der Erfahrung, dem Körpergefühl u.s.w.

Sind Sie Reitanfänger, werden Sie

nicht umhinkommen, dem Pferd dabei die Führung zu überlassen. Passen Sie Ihren Schwerpunkt dem des (ausgebildeten) Lehrpferdes an, erfühlen Sie den Bewegungsrhythmus und die Oberkörper-Balance in der Vertikalen.

Erst, wenn Sie ein Gefühl für Gleichgewicht und Schwerpunkt bekommen haben, können Sie als fortgeschrittener Reiter selbst versuchen, das Pferd zu beeinflussen. Dann erst können Sie dem Pferd richtige Hilfen geben, um es dazu zu veranlassen, Ihren Wünschen zu folgen.

Bei mittlerem Ausbildungsstand von Reiter und Pferd wird sich wechselweise das Pferd dem Reiter und der Reiter dem Pferd anpassen. Erfühlen (der Bewegung des Pferdes) und Fordern (schwierigere Übungen, vermehrte Gymnastik), also Reaktion und Aktion, wechseln sich ab. Nur der erfahrene Reiter kann vermehrt fordern und weniger reagieren. Er kann durch Veränderung seiner Position auf dem Pferd sowie durch ein gelungenes Zusammenwirken von treibenden und verhaltenden Hilfen Gleichgewicht und Muskulatur des jungen Pferdes trainieren oder ein älteres Pferd bis an die Grenzen seiner Leistungsfähigkeit fördern. Doch auch der Reiter, der als Ausbilder für das Pferd agiert, muß hin und wieder einfach passiv fühlen, d.h. reagieren auf die Signale, die ihm das Pferd über seinen Körper gibt. Er darf nicht immer nur mehr fordern, sondern muß manchmal warten, bis ihm das Pferd etwas anbietet.

Zur Übersicht folgt der Beschreibung der Zusammenhänge nun eine Auflistung der Gewichtshilfen und ihrer Wirkung:

GEWICHT

Das Gewicht und seine Wirkung

Wie sieht nun die Gewichtshilfe im Einzelnen aus?
Wie schon kurz bei den Sitzpositionen in den Grundgangarten angesprochen, soll eine Gewichtshilfe weitgehend unsichtbar sein. Nur in Extremfällen (z.B. bei Korrekturen) darf man sie deutlich sehen.

Legen Sie sich in die Kurve...

Die seitliche Gewichtsverlagerung

In Wendungen unterliegen Sie und Ihr Pferd verstärkt der Zentrifugalkraft. Weil es anstrengend ist, der Zentrifugalkraft entgegenzuwirken, drängen junge Pferde gern nach außen aus dem Zirkel heraus. Je schneller das Tempo und je enger die Wendung ist, um so stärker wirkt diese Kraft. Das Pferd muß sich „in die Kurve legen", um der Kraft entgegenzuwirken. Es kippt dazu seitlich (nach innen) von der Senkrechten ab. Als Reiter müssen Sie der seitlichen Abweichung von der Vertikalen folgen.

Sind Sie schon einmal Motorrad gefahren? Als Beifahrer können Sie den Fahrer ganz schön in Schwierigkeiten bringen, wenn Sie versuchen, in einer Kurve aufrecht sitzen zu bleiben. Schlimmstenfalls

Die Wirkung der Zentrifugalkraft: hier im Galopp deutlich sichtbar.

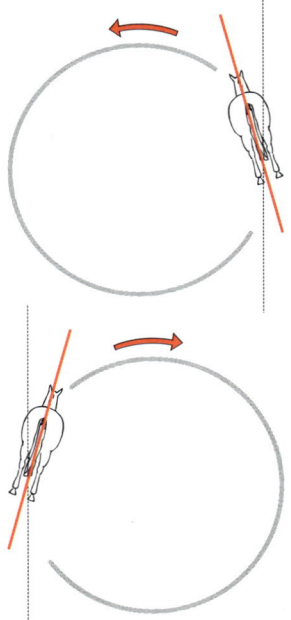

Die Wirkung der Zentrifugalkraft in schnellen Wendungen.

Zentrifugalkraft im schnellen Linksgalopp: Reiter und Pferd müssen die gleiche „Schräglage" haben.

werfen Sie sich, ihn und die Maschine dabei um.

Genauso geht es dem Pferd, wenn Sie sich nicht in die Kurve legen. Es hat Angst, umzufallen. In allen Wendungen muß dementsprechend die seitliche Neigung der Längsachse von Reiter und Pferd übereinstimmen.

Umgekehrt funktioniert das jedoch auch. Wenn Sie eine Wendung des Pferdes veranlassen wollen, geben Sie die seitliche Neigung vor. Sie verlagern Ihr Gewicht nach der Seite nach der Sie abwenden wollen. Das Pferd gibt der seitlichen Gewichtsverlagerung nach, indem es unter das Gewicht des Reiters läuft. Es versucht, seinen eigenen Schwerpunkt wieder genau unter den des Reiters zu bringen. Deswegen kann der Reiter allein mit seitlicher Gewichtsverlagerung - ohne Zügel oder Schenkel - ein sensibel reagierendes Pferd abwenden.

==Wollen Sie Ihr Gewicht nach rechts verlagern, so treten Sie den rechten Bügel stärker aus (Bügeltritt). Ihren rechten Gesäßknochen sollten Sie dann deutlich spüren. Der Druck auf die Gesäßknochen - und damit auf den Rücken des Pferdes - verändert sich jedoch schon, wenn Sie den Oberkörper aus der Hüfte leicht drehen==¹ (wenn Sie z.B. beim An-galoppieren oder auf dem Zirkel die innere Hüfte vorschieben). Sogar eine Kopfdrehung wirkt sich auf die Gesäßknochen aus. Bei einem fein eingestellten Pferd reicht oft die Kopfdrehung des Reiters, um es abzuwenden. Deswegen ist es auch so wichtig, daß Sie ==immer dorthin schauen, wohin Sie reiten wollen.==

Gewichtsverlagerung nach vorne und nach hinten: Das Gewicht des Reiters wird dabei aus der Stellung der Hüfte heraus mehr nach vorne bzw. hinten genommen. Der Oberkörper bleibt gerade. Durch leichtes Abknicken in der Hüfte wird das Gewicht nach vorne genommen - die Gesäßknochen werden entlastet - bis hin zum (stark vor-wärtsorientierten) leichten Sitz, bei dem sie keine Berührung mit dem Sattel haben. Durch Abkippen im Becken (Beckenkamm nach hinten unten) wird der Druck der Gesäßknochen auf den Pferde-rücken verstärkt, der Schwerpunkt nach hinten genommen. Das Pferd folgt jeweils durch Strecken (bei

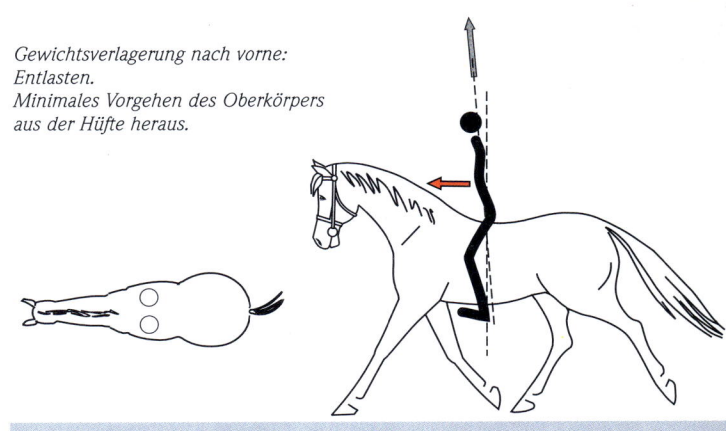

Gewichtsverlagerung nach hinten mit verhaltender/blockierender Kreuzhilfe.
Die Mittelpositur des Reiters federt nicht, sondern wird festgehalten.

Gewichtsverlagerung nach hinten mit treibender Wirkung.

Minimal hinter der Senkrechten, dabei dynamisch in der Bewegung bleiben und die Hüfte im Takt vorschieben.

Gewichtsverlagerung nach vorne: Entlasten.
Minimales Vorgehen des Oberkörpers aus der Hüfte heraus.

Die seitliche Schwerpunktverlagerung

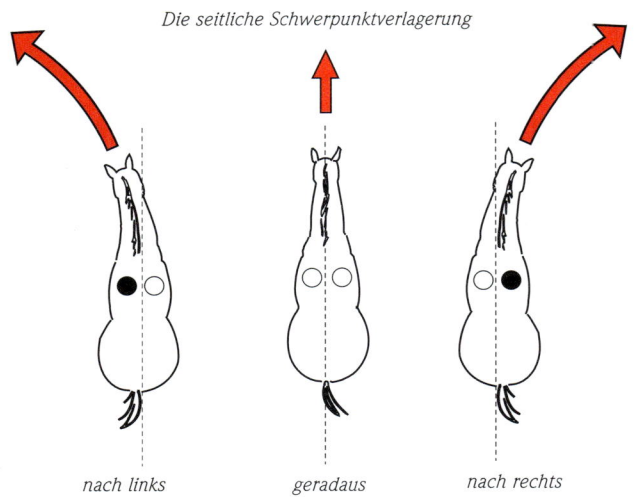

nach links   *geradaus*   *nach rechts*

Schwerpunktverlagerung nach vorne) oder durch Zusammenziehen (bei Schwerpunktverlagerung nach hinten). Stärkere Aufrichtung ist jedoch ohne zusätzliche Hilfen kaum zu erreichen, wie wir später noch sehen werden.

Bleiben Sie gerade..

Wichtig bei den Gewichtshilfen ist, daß Sie im Oberkörper gerade bleiben. Knicken Sie während der Gewichtsverlagerung zur Seite in der Wirbelsäule ab, so belasten Sie den „falschen" Gesäßknochen. Ihr Gewicht kommt also nicht auf die Seite, nach der Sie einknicken, sondern auf die entgegengesetzte. Das berüchtigte Einknicken in der Hüfte gehört dazu; genauso aber auch ein seitliches Einknicken im Genick des Reiters (eine Schrägneigung des Kopfes). Und natürlich das Hängenlassen des Kopfes, oder schlimmer noch, das Zusammenfallen im Brustkorb: Beides verändert die Position der Gesäßknochen auf dem Sattel. Mit einem hängenden Kopf kann z.B. ein Vorwärtsschieben mit der Hüfte zu einer verhaltenden, blockierenden Hilfe werden (siehe auch Kreuzhilfen).

Die seitliche Schwerpunktverlagerung: Wendung nach links - das Pferd folgt dem leicht nach links verlegten Gewicht der Reiterin.

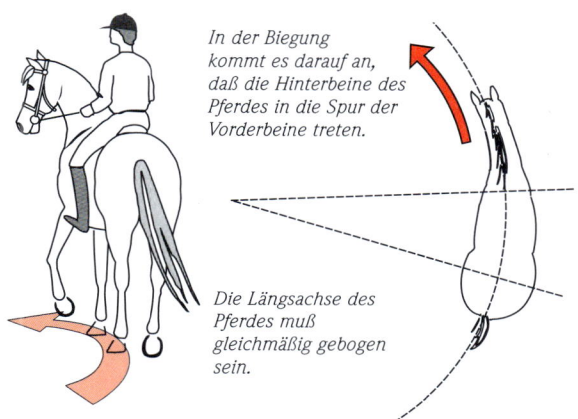

In der Biegung kommt es darauf an, daß die Hinterbeine des Pferdes in die Spur der Vorderbeine treten.

Die Längsachse des Pferdes muß gleichmäßig gebogen sein.

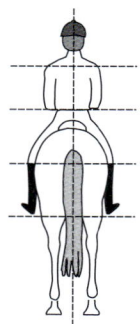

Richtig:
Beim Geradeausreiten bleibt der Oberkörper senkrecht -
beide Gesäßknochen werden gleich stark belastet.

Gewichtsverlagerung nach rechts für eine schnelle Hinterhandwendung - der Oberkörper bleibt in sich gerade, der rechte Bügel wird etwas stärker belastet.

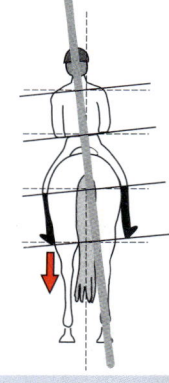

Richtige seitliche Gewichtsverlagerung nach links:
Der Oberkörper bleibt in sich gerade - der linke Gesäßknochen wird stärker belastet, der linke Bügel tiefer ausgetreten.

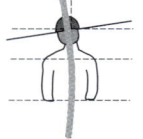

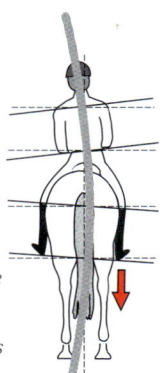

Falsche Gewichtsverlagerung nach links:

Einknicken in der Hüfte oder Schieflegen des Kopfes bewirken, daß das Gewicht des Reiters nach rechts kommt.

Der Ton macht die Musik

Die Stimme des Reiters.

Wie eingangs erwähnt, ist die Stimmhilfe eine angelernte Hilfe.

Das betrifft jedoch vor allem bestimmte Worte - also verbale Kommandos wie Schritt, Trab, Galopp. Halt oder Beruhigungen wie Langsam, Ruhig, etc. (oder das Ganze in Englisch für die Westernreiter: Walk, Trot oder Jog, Lope, Ho oder Whoa, Easy....).

Diese „Vokabeln" lernt das Pferd während der Boden- und Longenarbeit durch Wiederholungen.

STIMMLAGE

Die Ohrenstellung verrät die rückwärts - auf den Reiter - orientierte Aufmerksamkeit des Pferdes. Es „hört" auf seine Signale - unter anderem auf die Stimmhilfen.

Was das Pferd nicht lernen muß, sondern von Natur aus versteht, ist der Tonfall, die Stimmlage des Reiters. Ein hartes, lautes und vor allem bestimmtes „Nein" reicht bei einem sensiblen Pferd oft als „Ermahnung" aus, auch wenn es die Bedeutung von Nein nicht kennt. Es sind vor allem kurz gesprochene, knappe Worte mit hartem Klang, die Sie zu einem verbalen „Achtung - bis hierher und nicht weiter" verwenden können.

Langgezogene dunkelklingende Vokale dienen eher zur Beruhigung bei ängstlichen, hektischen Pferden; z.B. „laaangsam" oder „ruuhig" etc.

Stimmhilfen verraten die Stimmung

Für Ihre Stimmhilfe gilt jedoch das Gleiche wie für rein körpersprachliche Signale: sie drücken gleichzeitig Ihre Verfassung aus. Sind Sie nervös, genervt oder ängstlich, so merkt das Pferd dies an einer erhöhten Grundspannung in Ihrem Körper und an Ihrer hohen, manchmal schrillen Stimme. Es wird nervös und ängstlich reagieren. Genauso drückt sich Sicherheit und Ruhe in Stimmlage und -modulation aus. Ihre Stimme wird dann tief und dunkel.

Es ist kaum möglich, seine eigene Anspannung in der Stimme zu verbergen - vor allem dem Pferd gegenüber nicht. Der Klang der Stimme hat viel mit richtiger, d.h. entspannter Atmung zu tun. Wenn Sie vor Anspannung oder Angst die Luft anhalten, brauchen Sie sich nicht zu wundern, wenn sich ein Pferd trotz langgezogener, beruhigender Laute nicht beruhigen will. Es merkt einfach, daß etwas nicht stimmt, daß sein Leittier Mensch auch Angst hat. Entspannungsübungen auf dem Pferd sind deswegen nicht nur für Ihre körperliche Lockerung wichtig, sondern auch für Ihre Stimmhilfen.

beruhigend
lange, dunkle Vokale

strafend
harter Klang, kurze Worte

aufmunternd
forscher Klang

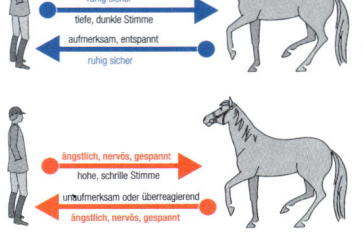

ruhig sicher
tiefe, dunkle Stimme
aufmerksam, entspannt
ruhig sicher

ängstlich, nervös, gespannt
hohe, schrille Stimme
unaufmerksam oder überreagierend
ängstlich, nervös, gespannt

Der Klügere gibt nach

Hilfen in der
Intervalltechnik.

Gesetzmäßigkeiten, die
außerhalb des Reitsports zu
beobachten sind, haben oft
auch beim Reiten ihre
Gültigkeit.
Der Satz „Druck erzeugt
Gegendruck" beschreibt
eines dieser Gesetze.
Je mehr Zwang einem
Lebewesen (in unserem Fall
dem Pferd) körperlich und
psychisch auferlegt wird,
desto stärker wird es sich
dagegen wehren und
Gegendruck aufbauen.

Nachgeben

In diesem Kapitel geht es um Hilfen in der Intervalltechnik und um das rechtzeitige Loslassen.

Druck erzeugt Gegendruck...

...vor allem dann, wenn das Pferd nicht oder noch nicht gelernt hat, dem Druck auf adäquate Weise nachzugeben.

Zusätzlich gilt: Langandauernder Druck bedingt eine Gewöhnung an den Druck. Wird lange hoher Druck ausgeübt, so wird geringerer Druck nicht oder kaum wahrgenommen. Die Reizschwelle, die eine Reaktion auslöst, wird immer höher.

Geben Sie statt eines konstanten Druckes oder Zuges jedoch nur wiederholte kurze Impulse, so kann das Pferd erstens keinen konstanten Widerstand aufbauen. Zweitens verstärken leichte, kurze Impulse in mehrfacher Wiederholung ihre Wirkung, ohne daß Sie mehr Kraft aufwenden müssen.

Probieren Sie es aus: Legen Sie einem anderen Reiter z.B. den Zeigefinger auf den Unterarm und lassen ihn eine Weile dort liegen; der andere wird sich schnell an den fremden Finger gewöhnt haben, er nimmt ihn kaum noch als Fremdkörper wahr. Nach und nach können Sie nun den Druck verstär-

ken und evtl. zusätzlich den Fingernagel etwas ins Fleisch drücken. Der andere wird nun auf dem Arm zwar die Verstärkung des Druckes als unangenehm wahrnehmen, sich aber nach und nach auch daran gewöhnen. Damit eine weitere Druckverstärkung als unangenehm empfunden wird, müssen Sie

dem anderen dieser klopfende Finger bald äußerst lästig - bis hin zur Schmerzgrenze. Der ständig wiederholte leichte Reiz funktioniert nach dem Schema „steter Tropfen höhlt den Stein". (Mittelalterliche Folterknechte bedienten sich des gleichen Prinzips bei der Wassertropfenfolter.)

Zügel nachgeben...

schließlich immer mehr Kraft aufwenden. Die Reizschwelle des anderen und Ihr Kraftaufwand werden immer höher.

Setzen Sie den Finger aber leicht klopfend auf dem Arm des anderen ein, so brauchen Sie keinerlei Kraftverstärkung; trotzdem wird

Auswirkungen

Bei den Hilfen wirkt sich der Grundsatz „Druck erzeugt Gegendruck" besonders auf Zügelhilfen und Schenkelhilfen aus, in geringerem Maße auch auf Gewichtshilfen.

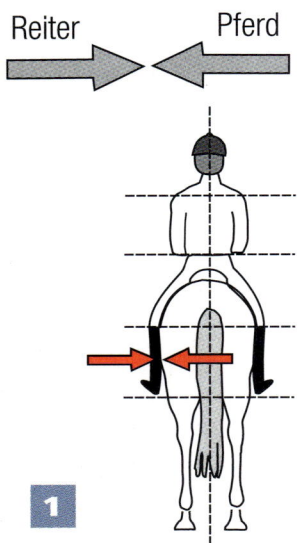

Reiter   Pferd

1

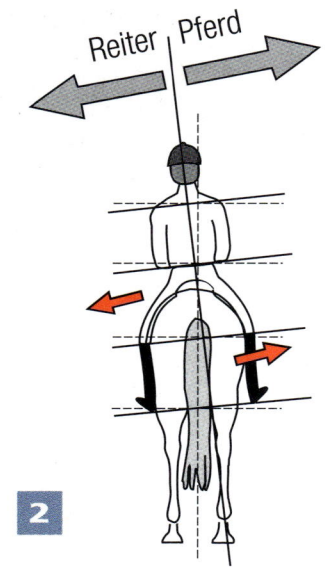

Reiter   Pferd

2

Druck des Reiters und Gegendruck des Pferdes bei zu lange dauernden Impulsen:

1. *beim Schenkeldruck*
2. *bei der Gewichtsverlagerung*
3. *(rechte Seite) bei den Zügelhilfen*

SCHENKEL-HILFEN

Druck wegnehmen...

Sie möchten z.B. das Pferd durch Druck des Unterschenkels dazu veranlassen, seitwärts zu treten. Gemäß dem obigen Beispiel können Sie das auf zweierlei Art tun.

1. Sie können den Schenkel andrücken und den Druck immer weiter verstärken, bis das Pferd endlich - hoffentlich - dem Druck nachgibt. Bei einem feinfühligen Pferd mag das noch angehen, denn es weicht dem Druck schnell aus. Bei jungen Pferden, die den Schenke noch nicht gut akzeptieren, oder bei abgestumpften Pferden bräuchten Sie jedoch eine enorme Kraft im Schenkel, um immer mehr verstärken zu können. Zudem würden Sie mit dieser Methode das Pferd nur immer weiter abstumpfen - und vor Anstrengung einen Krampf in die Beinmuskeln bekommen. Ihr Pferd lernt dabei aber nur, sich gegen den Druck zu lehnen (gegen den

Schenkel zu gehen) oder ihn zu ignorieren. Seine Reizschwelle wird höher. Das Reiten verkommt zum Kraftsport.

2. Sie können aber auch den Schenkel mit kurzen Impulsen einsetzen. Also: Druck - Loslassen - Druck - Loslassen - solange, bis das Pferd dem Schenkeldruck weicht. Brauchen Sie am Anfang noch viele solcher kurzen Impulse, bis das Pferd sich bequemt, darauf zu reagieren, so genügen später immer weniger. Das Pferd weiß, daß die Schenkelimpulse mit der Zeit zur Plage werden und reagiert immer früher darauf. Die Reizschwelle wird niedriger. Impulslänge und Impulshäufigkeit der Hilfe nehmen mit zunehmender Feinabstimmung fast von selbst weiter ab.

Kann allerdings der Reiter seinen Schenkel nicht ruhig halten (weil er nicht ausbalanciert sitzt), so funktioniert die Intervallmethode natürlich nicht. Der Reiz mit dem Schenkel hört ja auch dann nicht auf, wenn das Pferd reagiert hat. Pferde, die mit einem solchen Reiter kämpfen müssen, stumpfen immer weiter ab.

ZÜGELHILFEN

Loslassen statt ziehen

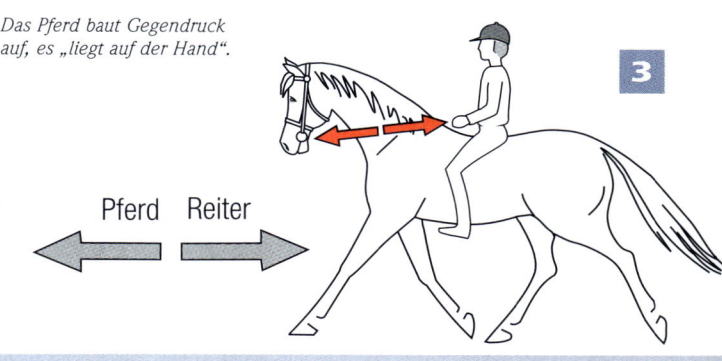

Das Pferd baut Gegendruck auf, es „liegt auf der Hand".

Pferd   Reiter

Zügel werden z.B. seitwärtswirkend, zum Abwenden des Pferdes, eingesetzt. Viel häufiger kommen sie jedoch begrenzend, verhaltend zum Einsatz. Sie möchten eine Bewegung oder das Tempo des Pferdes mit einem Annehmen des Zügels begrenzen. Das kann sowohl ein Zuviel an „Vorwärts" sein, wenn das Pferd Ihnen zu schnell wird; es kann aber auch ein unerwünschtes seitliches Ausweichen sein - wenn das Pferd sich Ihren Hilfen seitlich entziehen will.

In der meist verhaltenden Wirkung liegt nun aber auch das große Problem, das die meisten Reiter mit den Zügeln haben: Sie setzen ihn zu starr und zu lange ein und lassen dem Pferd die Möglichkeit, dagegen anzurennen. Das führt zu einem unverhältnismäßig langen „Brems- und Reaktionsweg" des Pferdes und einem unerwünschten Training der Oberarmmuskeln des Reiters (siehe Gas geben, um anzuhalten).

Dabei ist die Sache im Grunde ganz einfach: Lassen Sie einen oder beide Zügel früh genug wieder los!

Auch dann, wenn mein Pferd mir davonrennt?

Die Antwort lautet: Gerade dann! Dem Druck im Maul begegnet das

Pferd auf ähnliche Weise wie dem Schenkeldruck. Einem kurzen Impuls wird es normalerweise problemlos nachgeben: Nehmen Sie nur einen Zügel an, so folgt das Pferd dem einseitigen Zug mit Kopf und Hals, stellt sich erst in die angegebene Richtung und wendet schließlich in Richtung des Impulses ab.

Ziehen Sie jedoch zu lange am Zügel, ohne zwischendurch nachzugeben, so kann es auch bei der einseitigen Zügelhilfe geschehen, daß das Pferd Gegendruck aufbaut, weil es ihm zu dumm oder zu anstrengend wird, immer in einer engen Wendung zu laufen, oder weil es noch nicht genug im Gleichgewicht ist, um eine engere Wendung länger durchzustehen. Es versucht dann, den Hals wieder geradezustellen und spannt die innere, hohle, Halsseite an. Es drückt gegen den seitwärtswir-

kenden Zügel (siehe auch Zirkelübungen / diagonale Kontrolle).

Schwieriger wird die Sache noch, wenn Sie Ihr Pferd verlangsamen oder anhalten wollen und beide Zügel zum Einsatz kommen. Ziehen Sie einfach nur an beiden Zügeln, legt sich Ihr Pferd aufs Gebiß bzw. auf Ihre Hand. Es „beißt sich fest". Dieses Reiterlatein beschreibt den Gegendruck und die Spannung in der Hals- und Schulter-Muskulatur, die das Pferd dem unangenehmen Druck im Maul entgegensetzt. Besonders Pferde, die noch nicht gelernt haben, Ihre Hinterbeine zum Anhalten unterzuschieben, legen sich gerne aufs Gebiß, um dort eine Stütze zu suchen. In diesem Ziehkampf können Sie nur der Verlierer sein, denn Ihr Pferd hat einfach mehr Kraft als Sie - auch wenn Ihre Oberarme gut trainiert sind.

ABS

Vibrierende Hilfen

Zügelhilfen mit Anti-Blockier-System (ABS)

Nehmen Sie einen Zügel an und geben sofort wieder nach, so spürt das Pferd zwar kurz den unangenehmen Druck im Maul und hat die Möglichkeit darauf zu reagieren - z.B. durch langsamer werden. Es hat jedoch keine Gelegenheit, sich auf die Hand zu lümmeln und dort ein „fünftes Bein" zu suchen - es ist ja nichts mehr da, worauf es sich legen kann, denn Ihre Hand hat schon nachgegeben.

Nun können Sie nicht erwarten, daß jedes Pferd auf das erste leichte Zügelsignal schon reagiert. Wiederholen Sie also das Annehmen des Zügels - und geben sofort wieder nach usw. - bis das Pferd sein Tempo oder seine Gangart geändert hat. Arbeiten Sie nach dem Prinzip der Stotterbremse - immer wenn das Pferd durch Spannung im Hals blockieren will, lassen Sie los.

Dieses Anti-Blockier-System verhindert zudem, daß Sie selbst sich durch „Festziehen" verspannen und durch die erhöhte Grundspannung schlecht sitzen können. Geben Sie also immer wieder Signale, statt sich auf ein Tauziehen einzulassen.

Um erfolgreich zu verhindern, daß ein Pferd Gegendruck aufbaut, soll-ten Sie zudem niemals beide Zügel lange mit gleicher Intensität annehmen. In unregelmäßigen kurzen Intervallen und mit unterschiedlicher Intensität angenommene Zügel berauben das Pferd völlig der Möglichkeit, Gegendruck aufzubauen. Die Zügelhilfen müssen gleichsam vibrierend kommen - immer dann und dort, wo sie nötig sind und möglichst dann, wenn das Pferd sie gerade nicht vermutet. Das darf nicht mit dem falschen „Riegeln" verwechselt werden, bei dem der Reiter rechts - links - rechts - links wechselseitig annimmt. Dieses Riegeln ist für das Pferd vorhersehbar. Es stellt sich auf die Frequenz der abwechselnd ziehenden Reiterhände ein und gibt meistens nicht richtig nach. Die vibrierenden Zügelhilfen sind jedoch für das Pferd immer unerwartet. Zweimal kurz rechts - einmal lang links - einmal kurz rechts - zweimal kurz links - u.s.w. ohne erkennbares Wiederholungs-Muster - nur abhängig davon, ob und wieviel Widerstand das Pferd dem Zügeldruck entgegensetzt. Im Idealfall reicht ein „Zucken" im Handgelenk oder im kleinen Finger für diese Hilfe.

Das Pferd ist bei diesen Zügelhilfen immer in einer wechselseitigen Stellung oder sogar Biegung, es entspannt immer ansatzweise die äußere Seite - kann sich also nicht dauerhaft verspannen.

Die vibrierenden Zügelhilfen erfordern natürlich eine sehr unabhängige und gefühlvolle Hand. Wenn Sie nicht ausbalanciert sitzen, haben Sie keine Chance, Ihre Zügelhilfen vibrierend einzusetzen. Zudem müssen Sie über Ihren Sitz fühlen, welche Seite des Pferdes gerade stärker verspannt ist, um dort zuerst loszulassen. Fällt Ihnen das Fühlen noch schwer, so können Sie aber auch vorsorglich immer ein wenig das Gebiß im Maul des Pferdes bewegen. Das ist auf jeden Fall besser, als die Hand stur „stehen zu lassen".

(Der lose Zügel der Westernreiter wird im Idealfall über diese vibrierenden Hilfen erreicht. Wenn auf den losen Zügel hingearbeitet wird, bedeutet jedes Annehmen eine kurze Korrektur. Die Phasen, in denen ein Zügel korrigierend ansteht, werden mit zunehmender Ausbildung und Gymnastizierung des Pferdes immer kürzer, bis die Zügel nur über ihr Eigengewicht Verbindung zum Maul des Pferdes haben: Zügel-Impulse werden dann nur noch benötigt, um Richtung, Tempo oder Gangart zu ändern.)

GEWICHT

Dosierte Gewichtshilfen

Bei den Gewichtshilfen geht es nicht nur um Druck und Gegendruck, sondern gleichzeitig ums Gleichgewicht des Pferdes. Lang andauernde seitliche Gewichtsverlagerung kann zu Gleichgewichts-Problemen beim Pferd führen.

Das Pferd sollte normalerweise unter das Gewicht des Reiters treten, um das gemeinsame Gleichgewicht von Reiter und Pferd zu erhalten (siehe 1+1=1). Verlagern Sie beispielsweise Ihr Gewicht nach rechts, so folgt das ausbalancierte Pferd, indem es seitlich nach rechts unter Ihr Gewicht tritt und nach rechts abwendet. Ein (steifes) Pferd, welches kein Vertrauen zu Gewichtshilfen des Reiters und in seine eigene Balance hat, setzt der Gewichtsverlagerung jedoch einen Widerstand entgegen. Im Beispiel macht es die innere (rechte) Schulter fest und schiebt sich diagonal über die äußere linke Schulter nach außen (links). Es läuft aus der beabsichtigten Rechtswendung heraus, weil es nicht nach innen kippen will. Dies können Sie nun nicht damit korrigieren, daß Sie Ihr Gewicht immer stärker und weiter nach rechts „hängen", am rechten Zügel ziehen und darauf warten, daß es sich das Pferd anders überlegt und doch noch Ihrem Gewicht folgt. Statt dessen setzen Sie sich wieder gerade, stellen das Pferd evtl. sogar kurz in die Gegenrichtung, damit es die rechte Seite (und damit die Schulter) wieder entspannt und versuchen die Rechtswendung von neuem.

Der aufrechte, gerade Oberkörper in der Normalposition, wenn der Reiter keine Wendung fordert, ist immens wichtig.

(Näheres siehe Abschnitt über die diagonale Kontrolle / Einsatz des äußeren Zügels.)

Gewichtshilfen dürfen also bei noch unvollkommen ausbalancierten Pferden nicht zu lange dauern, weil sie sonst zu Gleichgewichtsängsten, Spannungen und Widerständen führen. Bei schweren Reitern verstärkt sich naturgemäß dieses Problem. Hier ist ganz besonders die Intervall-Technik angesagt.

„Zurechtsetzen"

Je besser Pferd und Reiter im gemeinsamen Gleichgewicht sind, desto länger kann der Reiter sein Gewicht verlagern - das heißt, desto länger kann eine Übung dauern, die mit Gewichtsverlagerung eingeleitet wird. Achten Sie aber nach jeder Übung mit Gewichtsverlagerung

darauf, sich wieder deutlich gerade zu setzen und beide Gesäßknochen gleichmäßig zu belasten, wenn Sie geradeausreiten wollen.

Ist doch logisch, werden Sie denken. Ist logisch, wird in der Praxis aber trotzdem oft vergessen - und führt dazu, daß das Pferd mit der Zeit immer schlechter auf Gewichtshilfen reagiert, denn es gewöhnt sich daran, auch mit einem schief sitzenden Reiter geradeaus zu gehen. Dabei belastet es natürlich seine Muskeln asymmetrisch - was auf Dauer zu schlecht korrigierbaren Steifheiten führt. Deswegen sei hier das „Zurücksetzen in die gerade Ausgangsposition" noch einmal besonders erwähnt.

Hinterradantrieb

Der treibende Schenkel.

Warum das Pferd

darauf reagiert.

Versammlung von hinten.

Die treibenden Hilfen und
die sensible Reaktion des
Pferdes darauf sind die
Grundlage für alle
Lektionen, besonders aber
für die Übungen, welche
eine erhöhte Versammlung
des Pferdes zum Ziel haben.
Motor und Antrieb liegen
beim Pferd hinten.

Vorwärts

Können Sie Ihr Pferd nicht vorwärts-reiten, so können Sie es auch nicht versammeln, denn Versammlung entsteht immer von hinten nach vorne. Vergleichen Sie es mit einem hinterradgetriebenen Auto: wenn die Hinterräder nicht genug Antriebskraft haben oder durchdrehen, fährt es einfach nicht.

Der treibende Schenkel

„Vorwärts" ist also angesagt. Dazu brauchen Sie den treibenden Schenkel.

Die treibende Schenkelhilfe ist eine aktive Hilfe. Sie fordert vom Pferd ein stärkeres Einsetzen seiner Hinterbeine. Jetzt fragen Sie, warum das Pferd überhaupt auf den Schenkeldruck mit Vorsetzen der Hinterbeine reagiert. Gut gefragt, denn einen einsichtigen Grund gibt es dafür auf den ersten Blick nicht. Die Reaktion des Pferdes auf den Schenkeldruck ist keine natürliche, sondern weitgehend eine angelernte. Ein junges Pferd, welches gerade angeritten wird, weiß oft mit dem vorwärtstreibenden Schenkel nichts anzufangen. Es reagiert vielmehr auf eine ermunternde Stimme, deren Bedeutung es in der vorangegangenen Longenarbeit schon kennengelernt hat, auf eine nachgebende

Hand und auf eine Gewichtsverlagerung des Reiters nach vorne. Es folgt der Schwerpunktverlagerung des Reiters.

Setzt der Reiter nun eine Schenkelhilfe zusätzlich ein, so lernt das Pferd deren Bedeutung recht schnell.

Wollen Sie vorwärts reiten, setzen Sie Gewicht und Stimme vorwärtstreibend ein und treiben zusätzlich durch Druck mit beiden Schenkeln, die „am Gurt" liegen. Am Gurt bedeutet: die vordere Kante Ihres Schienbeins befindet sich etwa am hinteren Rand des Sattelgurtes.

Das Pferd wird den Zusammenhang schnell begreifen und auf Schenkeldruck am Gurt vorwärts gehen. Sie haben dem Pferd eine zusätzliche Vokabel im „Sprachschatz" der Hilfengebung beigebracht.

Seitwärts

Wollen Sie nun seitwärts treiben, so können Sie die natürliche Reaktion auf die Zügelhilfen als Basis verwenden, um dem Pferd beizubringen, daß es dem seitwärtstreibenden Schenkel ausweichen soll.

Nehmen Sie z.B. den linken Zügel an und stellen den Hals des Pferdes nach links - immer weiter. Anfangs gibt es dem Zug im Maul nur durch Biegen des Halses nach. Dann folgt eine seitliche Biegung der Wirbelsäule, die dem Pferd schließlich unangenehm wird. Und daraufhin

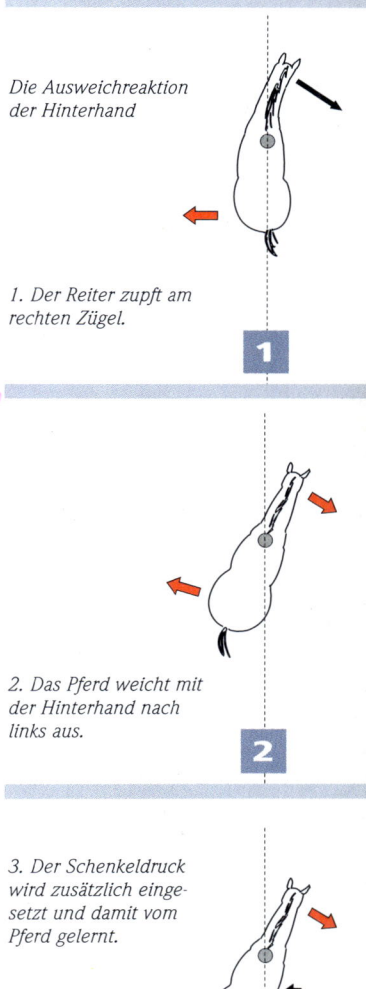

Die Ausweichreaktion der Hinterhand

1. Der Reiter zupft am rechten Zügel.

1

2. Das Pferd weicht mit der Hinterhand nach links aus.

2

3. Der Schenkeldruck wird zusätzlich eingesetzt und damit vom Pferd gelernt.

Es verbindet schließlich „Schenkeldruck rechts" mit „Ausweichen der Hinterhand nach links".

3

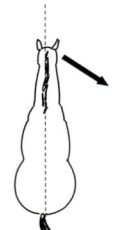

Die Wirkung des verwahrenden Schenkels:

1. Das Pferd soll sich rechts biegen.

1

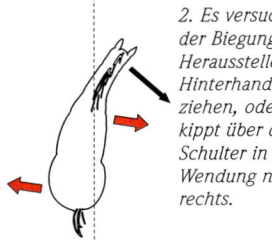

2. Es versucht, sich der Biegung durch Herausstellen der Hinterhand zu entziehen, oder es kippt über die Schulter in die Wendung nach rechts.

2

3. Die verwahrenden Schenkel liegen zuerst noch ohne Druck am Pferd an.

3

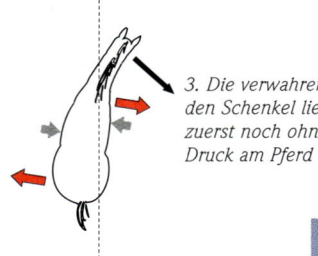

4. Sie werden aktiv, wenn das Pferd dagegen drängelt: Der linke Schenkel hindert die Hinterhand am Ausfallen, der rechte kontrolliert die Schulter.

4

weicht es mit den Hinterbeinen nach rechts aus. Warum es nicht vorne ausweicht? Weil die Vorhand von Natur aus unbeweglicher ist als die Hinterhand und auf ihr beim nicht versammelten Pferd das Hauptgewicht liegt (siehe auch 1+1=1).

Setzen Sie während dieser Übung den linken Schenkel seitwärtstreibend ein, so verbindet das Pferd diese Schenkelhilfe bald mit der Aufforderung, die Hinterhand nach rechts zu nehmen. Es hat die Bedeutung des seitwärtstreibenden Schenkels gelernt. Der seitwärtstreibende Schenkel liegt etwas weiter hinten (landläufig eine Handbreit) als der vorwärtstreibende, denn er soll hauptsächlich die Hinterhand beeinflussen.

VERWAHREN

Und dann gibt es noch den verwahrenden Schenkel (passiver Schenkel): Akzeptiert das Pferd die seitwärts- und vorwärtstreibenden Schenkelhilfen, so akzeptiert es auch den verwahrenden Schenkel. Dieser treibt nicht aktiv, sondern liegt passiv am Pferd. Er tritt nur in Erscheinung, wenn das Pferd eine unerwünschte Ausweichreaktion zeigt. Es holt sich die kurzfristig aktive Reaktion des verwahrenden Schenkel praktisch selbst, wenn es ihm zu nahe kommt. Bei den biegenden Übun-

gen wie Wendungen und Seitengängen wird er zunehmende Bedeutung erlangen, um ein Ausfallen der Hinterhand zu verhindern.

Der verwahrende Schenkel löst keine Aktion des Pferdes aus, sondern verhindert eine unerwünschte Reaktion. Er liegt am oder hinter dem Gurt - je nachdem, ob er mehr auf die Mitte des Pferdes oder mehr auf die Hinterhand einwirken soll.

Mit der Wade

Schenkelhilfen werden immer mit der „flachen Wade" gegeben, nie mit einem bohrenden Absatz oder einem stochernden Sporen.

Die flache Wade erreicht der Reiter durch Eindrehen des Beines aus der Hüfte heraus, so daß die Fußspitzen parallel zum Pferdekörper zeigen.

Dieses Verdrehen des gesamten Beines schon aus seinem Ansatz am Rumpf heraus ist wichtig. Damit liegen Knie und Wade fast von allein flach am Sattel an. Und Sie brauchen das Fußgelenk nicht über Gebühr zu drehen, um Ihren Fuß parallel zum Pferdekörper zu positionieren.

Um etwas Spannung in die Wade zu bekommen, heben Sie die Fußspitze leicht an. Damit spannt sich der Wadenmuskel. Erst die Spannung in der Wade ermöglicht einen seitlichen Druck des Schenkels Richtung Pferdekörper. Probieren Sie aus, wie

Druck am Gurt wirkt vorwärtstreibend

Druck hinter dem Gurt wirkt seitwärtstreibend

Der linke Schenkel treibt das linke Hinterbein nach rechts der linke Zügel stellt, wenn nötig, das Pferd nach links, um die Ausweichreaktion der Hinterhand zu fördern.

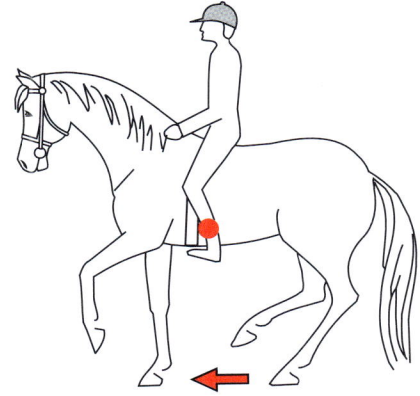

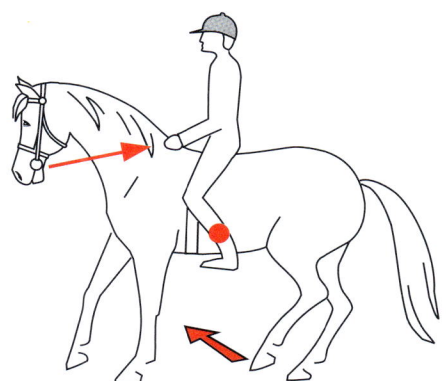

Schenkeldruck mit der flachen Wade. Die Fußspitzen sind einwärts gedreht.

Beinhaltung richtig: Beine aus dem Hüftgelenk leicht nach innen gedreht.

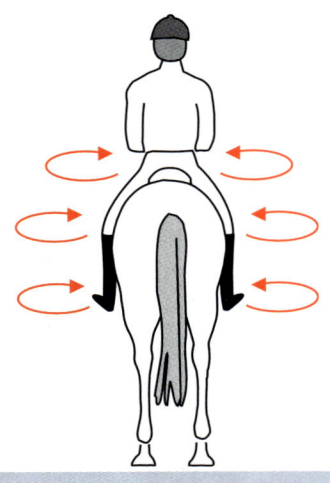

Beinhaltung falsch: Fußgelenk, Kniegelenk und Hüftgelenk nach außen verdreht.

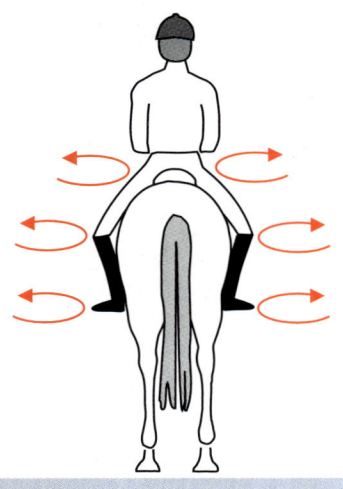

sich eine hängende Fußspitze auf die Möglichkeit auswirkt, mit der Wade Druck auszuüben. Es wird nicht funktionieren.

Der Absatz wird durch den angespannten Wadenmuskel automatisch zum tiefsten Punkt des Reiters. Drücken Sie ihn jedoch nicht mit aller Gewalt herunter - er muß seine Federwirkung behalten, sonst verlieren Sie den Bügel.

Sporen können Sie erst dann am Fuß befestigen, wenn der Fuß immer parallel ist und Sie nicht mit dem Absatz treiben. Nur dann quälen Sie Ihr Pferd nicht mit ständig stochernden Sporen.

Der Schenkeldruck wird durch den Kniedruck ergänzt. Dabei werden die Knie bei tiefem federnden Absatz durch Anspannen der Adduktoren an den Sattel gedrückt (gängiges Kommando „mach die Knie zu").

Der Kniedruck kommt dann zum Einsatz, wenn der Reiter den Schenkeldruck noch nicht unbedingt braucht: Als „Gegenlager", wenn er das Pferd z.B. stark mit Gewichtshilfen versammelt. Oder als „Dreh-Punkt" zum Ausbalancieren des leichten Sitzes (siehe 1+1=1).

Der Kniedruck ist jedoch auf keinen Fall dazu da, sich am Sattel festzuklemmen. Drückt der Reiter (ausgesessen) zu lange und zuviel die Knie an, so hebelt er sich durch die dabei dauernd angespannten Adduktoren

aus dem tiefen, geschmeidigen Sitz heraus. Er „klammert" mit den Beinen - sein Sitz wird dadurch instabil.

Oft sieht man Reiter, deren Unterschenkel dauernd in Bewegung sind. Das führt zu der Frage: muß denn der Reiter dauernd treiben?

Er muß nicht und er soll auch nicht. Prinzipiell treiben Sie dann, wenn Sie etwas von Ihrem Pferd wollen. Wenn das Pferd die Gangart wechseln soll, wenn es die Tritte verlängern soll, wenn Sie Seitengänge reiten wollen - aber auch, wenn Sie langsamer werden oder anhalten wollen (siehe folgendes Kapitel „Gas geben, um anzuhalten"). Die treibenden Schenkelhilfen unterstützen alle Manöver, die der Reiter ausführen will. Wie lange und wie stark die treibenden Hilfen eingesetzt werden, richtet sich nach der jeweiligen Lektion, nach den speziellen Schwierigkeiten und dem Ausbildungsstand des Pferdes und orientiert sich zudem an der Erfahrung und den Fähigkeiten des Reiters für ein gutes Timing.

Solange das Pferd in von Ihnen gewünschter Gangart und Haltung sowie akzeptablem Tempo läuft, können Sie entspannt sitzen bleiben, den Schenkel ohne Druck am Pferd liegen lassen und sich an der schönen Bewegung freuen. Dauerndes Klopfen mit dem

Schenkel (unruhiger Schenkel) oder eine ständig angeklemmte Wade stumpfen ein Pferd ab und erreichen nur, daß der Reiter immer mehr Kraft aufwenden muß, um das Pferd vorwärts zu bekommen.

Viele Westernreiter legen den Schenkel erst an, wenn sie eine Hilfe geben wollen - in der klassischen Reitweise hält der Schenkel dagegen meist eine dauernde leichte Fühlung (ohne Druck) mit dem Pferd. Für eine Schenkelhilfe wird die Fühlung dann zum Druck verstärkt.

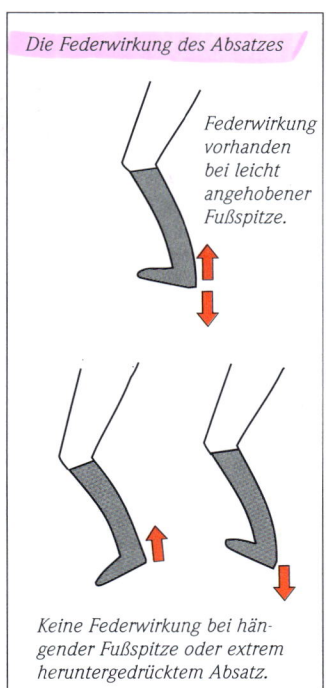

Die Federwirkung des Absatzes

Federwirkung vorhanden bei leicht angehobener Fußspitze.

Keine Federwirkung bei hängender Fußspitze oder extrem heruntergedrücktem Absatz.

Gas geben, um anzuhalten

Die Parade und ihre Zusammenhänge.

Warum eine verhaltende Hilfe mit Treiben beginnt.

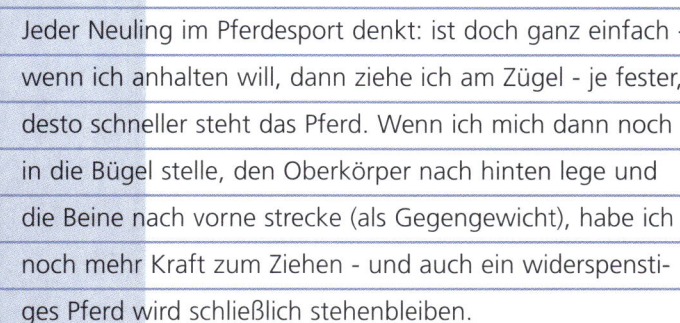

Jeder Neuling im Pferdesport denkt: ist doch ganz einfach - wenn ich anhalten will, dann ziehe ich am Zügel - je fester, desto schneller steht das Pferd. Wenn ich mich dann noch in die Bügel stelle, den Oberkörper nach hinten lege und die Beine nach vorne strecke (als Gegengewicht), habe ich noch mehr Kraft zum Ziehen - und auch ein widerspenstiges Pferd wird schließlich stehenbleiben.

PARADEN

Warum man Pferde auch dann treiben muß, wenn sie schon zu schnell sind und warum man vorwärts treiben muß, um langsamer zu werden oder zu halten.

Zusammenwirken im Kontext:
Halbe und Ganze Paraden

Es gibt eigentlich nur einen einzigen Bereich im Reitsport, bei dem die Ansicht des pferdesportlichen Laien annähernd zutrifft, daß das Pferd durch Ziehen am Zügel angehalten wird - den Galopprennsport. Bedingt durch die kurzen Bügel der Jockeys und deren Balancieren über dem Pferd ist eine Einwirkung mit Gewicht und Schenkel nicht möglich; deswegen werden Rennpferde oft durch Ziehen am Zügel verlangsamt. Zusätzlich wird jedoch auch bei den Galoppern immer ein Stimmsignal zum Anhalten benutzt. Der Galopprennsport ist jedoch aus mehreren Gründen nicht relevant für Otto-Normalreiter.

Ziehen verboten

Also nochmal ganz deutlich: Ziehen funktioniert nicht und ist streng verboten! Der Zügel darf nie rückwärts wirken.
Was dann? Grob gesagt: erst vorwärtstreiben und dann bremsen. Warum das?
Die Antwort hat ein wenig mit der Trägheit der Masse zu tun und ein wenig mit Anatomie.
Angenommen das Pferd befindet sich in flottem Trab. Sie möchten es nun anhalten - und ziehen am Zügel. Was passiert? Der vorwärtsbewegten Masse von Pferd plus Reiter muß eine Energie entgegengesetzt werden, die diese Bewegung neutralisiert bzw. aufnimmt. Das Pferd nimmt sich diese Energie aus der (ziehenden) Hand des Reiters. Es läuft gegen den Druck im Maul und benutzt die Reiterhand und seine eigenen Vorderbeine als Stütze. Für den Reiter bedeutet es einen erheblichen Kraftakt, sein Pferd so anzuhalten. Das Gleichgewicht des Pferdes ist in diesem Moment besonders instabil. Das Pferd kippt praktisch nach vorne über und bremst mit den schwächeren Vorderbeinen - der Reiter kippt mit nach vorne und verstärkt die Belastung auf den Vorderbeinen des Pferdes noch.
Was kann man dagegen tun?
Der gängige Terminus lautet „Der Reiter treibt das Pferd vorwärts gegen die Hand" oder „Er schiebt es von hinten nach vorn zusammen".
Das bedeutet einfach: Das Pferd wird erstmal vorwärts getrieben. Da jede Bewegung des Pferdes hinten beginnt (siehe „Hinterradantrieb"),

bekommt man mit dem Vorwärtstreiben seine Hinterbeine vermehrt unter seinen Bauch (und damit unter den Schwerpunkt). Das Pferd tritt unter (sich). Läßt der Reiter den Zügel dabei locker, so geht das Pferd einfach nur schneller vorwärts. Es benutzt das Untertreten für die vermehrte Entwicklung von weiterem Vorwärtsschub. Keine Rede von Langsamer-Werden oder gar Anhalten.
Zum Anhalten verlegt der Reiter seinen Schwerpunkt nach hinten und hemmt zusätzlich durch Abkippen des Beckens die Rückenbewegung des Pferdes. Wenn er nun auch noch durch Annehmen des Zügels die Bewegung nach vorne begrenzt, so schiebt sich das Pferd wie eine Ziehharmonika von hinten nach vorne zusammen. Es tritt mit den Hinterbeinen unter, hebt die Vorhand leicht an und nimmt den Bewegungsschub mit den eigenen Hinterbeinen auf. Aus der Vorwärtsbewegung wird eine Aufwärtsbewegung (Versammlung).
Ein kleines „Wenn" gibt es aber noch: Wenn die Hand des Reiters einfach starr vorne gegenhält, so findet das Pferd trotzdem noch die Stütze in der Reiterhand und wird einen Teil der Energie nach wie vor vorne abstützen. Denn das Untertreten ist für das Pferd zwar gesünder, aber auch erst einmal anstrengender als in der Reiterhand sein „fünftes Bein" zu suchen. Gibt

der Reiter jedoch nach jedem Annehmen des Zügels vorne wieder nach, so ist dort keine Stütze. Das Pferd wird gezwungen, die Bewegungsenergie über die Hinterbeine aufzunehmen - sonst fällt es auf die Nase.

Annehmen und Nachgeben

Das wiederholte Annehmen und Nachgeben der Reiterhand bei gleichzeitigem Treiben ist die berühmte Parade.

Die halbe Parade wird für ein kurzfristiges Zusammenschieben des Pferdes von hinten nach vorne gebraucht. Damit machen Sie das Pferd aufmerksam, bereiten es vor für alles, was vermehrte Hinterhandarbeit erfordert.

Die ganze Parade besteht aus dem Aneinanderreihen von halben Paraden, bis das Pferd steht. Je besser es seine Hinterhand einsetzt, um so weniger halbe Paraden brauchen Sie, um das Pferd aus jeder Gangart zum Stehen zu bringen. Und um so weniger Druck im Maul durch die Einwirkung der Reiterhand braucht das Pferd, um zu reagieren.

Jeder, der sich schon ein wenig in die Hilfengebung der klassischen Reitlehren eingelesen hat, kennt den Begriff der Parade.
Für Gebrauchsreitweisen wie z.B. das Westernreiten gilt das gleiche

Prinzip. Die Westernreiter verwenden nur oft andere Begriffe. Die ganze Parade ist z.B. immer der Stop, bei dessen spektakulärer Ausführung, dem „Sliding Stop" aus dem schnellen Galopp, das Pferd auf der Hinterhand gleitet. Im Prinzip ist ein gelungener Sliding Stop am

losen Zügel mit völlig geradem Pferd die ganze Parade in Vollendung: die Handeinwirkung des Reiters ist auf ein minimales Signal reduziert - das Pferd nimmt die gesamte Bewegungsenergie mit den Hinterbeinen auf. Der Reiter sitzt tief, ohne nach vorne zu kippen.

Die halbe Parade:
Zusammenschieben des Pferdes mit kurzfristigem Blockieren der Rückenbewegung.

1. Aufrichten im Oberkörper.
2. Abkippen im Becken (dabei fällt der Oberkörper wieder minimal zusammen - die Rippen nähern sich dem Becken - die Bauchmuskeln spannen sich).
3. Gleichzeitig Schenkeldruck.
4. Zügel annehmen.

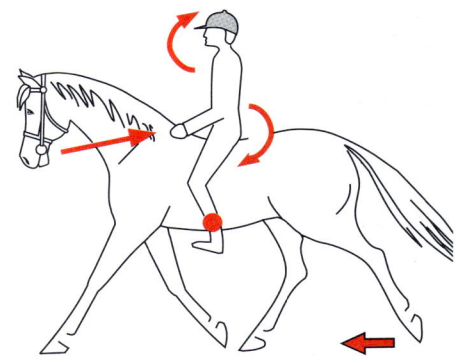

5. Zügel wieder nachgeben.
6. Becken wieder gerade stellen und Schenkeldruck wegnehmen.

Das Pferd schiebt die Hinterhand unter und richtet sich in der Vorhand auf.

Ganze Parade:
Wiederholen der Schritte 1-6 bis zum Halten.

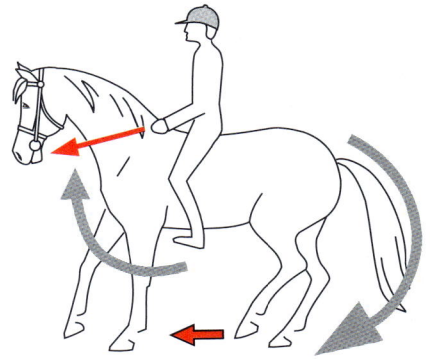

Rückwärts = Vorwärts

Die Hilfen zum
Rückwärtsrichten unter-
scheiden sich kaum von
denen zum Anreiten.

Das Rückwärtsrichten stellt
im Prinzip eine Sonderform
des Vorwärtsreitens dar.
(Es ähnelt im Takt dem
Trab mit der diagonalen
Fußfolge.)

Die Hinterbeine nehmen Gewicht auf

Das richtige Rückwärtsrichten bringt das Pferd dazu, die Hinterbeine deutlich zum Tragen des Gewichtes (von Reiter und Pferd) einzusetzen.

Der Reiter veranlaßt die Hinterbeine des Pferdes mit vorwärtstreibenden Schenkeln zum Vortreten - als ob er anreiten wollte.

Nun kommen aber die anderen Hilfen dazu: Der Oberkörper des Reiters bleibt aufrecht - eine leichte Gewichtsverlagerung nach hinten (evtl. sogar ein leichtes vorwärtsblockierendes Abkippen im Becken) animiert das Pferd dazu, seinen eigenen Schwerpunkt nach hinten zu verlegen. Dadurch kommen die Hinterbeine (die der Schenkel schon vortreibt) noch weiter unter den Bauch des Pferdes. Die Zügel werden nun nicht nachgegeben, sondern in Form der vibrierenden Zügelhilfe (siehe dort) angenommen. Das Pferd merkt: nach vorne geht es nicht, schiebt sich aber trotzdem durch die treibenden Hilfen zusammen, kommt mit der Vorhand hoch und „setzt" die Hinterhand. Schließlich macht es einen Tritt rückwärts (weil es irgendwohin muß, um den treibenden Hilfen nachzugeben), den ersten Tritt des Rück-

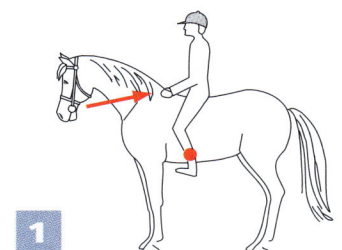

Rückwärtsrichten:
Der Reiter gibt die Hilfen zum Anreiten.
Er gibt jedoch mit der Hand nicht nach und belastet durch tiefes Einsitzen den Pferderücken.
Als zusätzliches Signal kann er die Hände anheben.

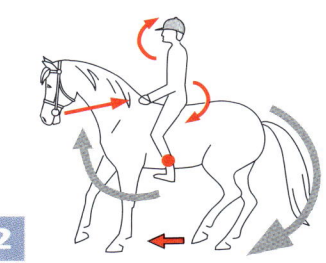

Das Pferd will antreten, wird jedoch vom Zügel daran gehindert.

Es tritt unter sich....

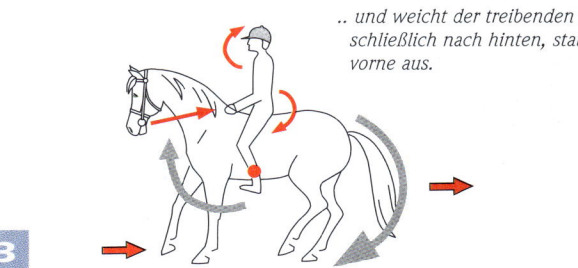

.. und weicht der treibenden Hilfe schließlich nach hinten, statt nach vorne aus.

Sobald das Pferd in gewünschter Weise reagiert - d.h. widerstandsfrei rückwärts tritt und im Genick nachgibt, gibt auch die Reiterhand nach und wird gegebenenfalls gesenkt.
Bei unerfahrenen Pferden reichen 1-2 Tritte - ältere Pferde können mehr vertragen.

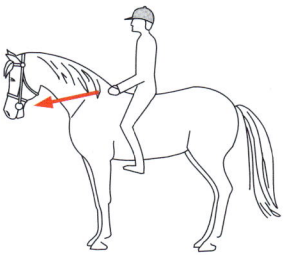

Rückwärts-Signale für das Westernpferd:
oben: Anheben beider Hände und leichtes Zurücknehmen des Gewichts.
unten: Senken der Hände und nachgeben, sobald das Pferd reagiert hat.

wärtsrichtens. Dann geben die Zügel leicht nach. Durch erneutes Annehmen fordern Sie einen weiteren Tritt und so weiter. Kennt das Pferd aus der Bodenarbeit den Begriff „zurück" oder „back", so können diese Worte anfangs das Rückwärtsrichten unterstützen.

Anheben der Hände als Signal

Westernreiter minimieren die „Rückwärts-Hilfen" später zu einem Anheben beider Zügel. Nur für mehr Tempo, also ein schnelleres Rückwärtsrichten (das Rückwärtslaufen, wie es in einer Reining gefordert wird), geben sie dann Schenkeldruck dazu.

Gradmesser der Durchlässigkeit

Rückwärtsrichten dient als Gradmesser von Gehorsam und Durchlässigkeit des Pferdes (siehe dort). Richtiges Rückwärtsrichten auf minimale Aufforderung zeigt, daß das Pferd alle Reiterhilfen annimmt, und sich nirgendwo dabei verspannt.

Schleppendes Rückwärtsrichten mit Widerstand deutet immer auf einen „Bruch" in der Durchlässigkeit hin, auf eine Spannung im Rücken oder Hals des Pferdes oder auf steife Hinterbeine, die sich nicht unterschieben.

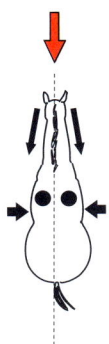

Gerade Rückwärtsrichten

Ist das Pferd auf einer Seite deutlich steifer, so wird es versuchen, das steifere Hinterbein weniger in den Hanken zu winkeln. Es geht dann schief rückwärts.

Unten folgen zwei Methoden zur Korrektur des schiefen Rückwärtstretens.

Korrektur des schiefen Rückwärtsrichtens

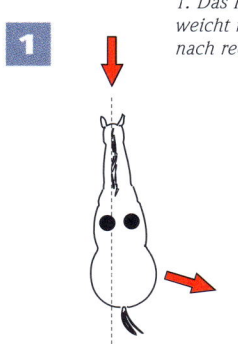

1. Das Pferd weicht rückwärts nach rechts aus.

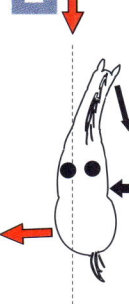

2. Der Reiter biegt nun das Pferd zur Korrektur nach rechts - diese Biegung ist dem Pferd unangenehm, weil es mit dem steiferen Bein, mit dem es seitlich ausweicht dabei noch mehr Gewicht aufnehmen müßte. Zusätzlich treibt er die Hinterhand mit dem rechten Schenkel wieder nach links.

3. Das Pferd stellt sich wieder in der Längsachse gerade, es steht nun leicht schräg zur Ausgangsposition. Aus dieser neuen Position wird das Rückwärtsrichten wieder neu gefordert - und gegebenenfalls wieder korrigiert - bis das Pferd gerade bleibt.

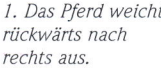

1. Das Pferd weicht rückwärts nach rechts aus.

2. Der Reiter fordert nun eine Hinterhandwendung in Richtung des Beines, welches sich dem Untertreten entzieht.

3. In der neuen Position stellt er das Pferd wieder gerade und...

4. ...fordert nun ein wiederholtes Rückwärtstreten. Gegebenenfalls muß er erneut mit der Hinterhandwendung korrigieren.

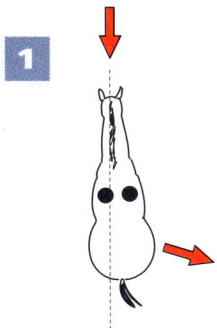

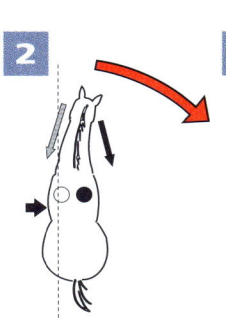

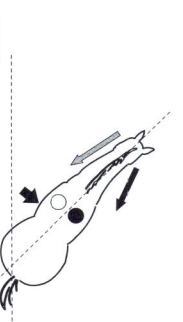

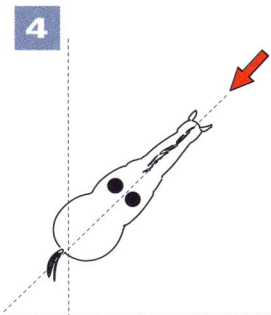

Von Samtpfötchen und Sahnemäulchen

Harte oder weiche Hand.

Hartes oder weiches Maul.

Durchlässigkeit.

Das Maul des Pferdes als wichtige Kommunikationsebene zwischen Reiter und Pferd nimmt eine Schlüsselstelle in der Hilfengebung ein. Je feiner die Verbindung Reiterhand - Pferdemaul ist, desto feiner und sensibler reagiert das Pferd auch auf alle Reiterhilfen.

Weich im Maul...

Einer der Vorwürfe, die einen Reiter hart treffen, ist die Behauptung: „Dein Pferd ist aber hart im Maul!" Was bedeutet das eigentlich? Wann ist ein Pferd hart im Maul? Und warum wird Hartmäuligkeit als Fehler dem Reiter angelastet?

Weichmäuligkeit hat beim Pferd etwas mit Entspannung, Zufriedenheit, guter Koordination und dem Begriff der Durchlässigkeit zu tun. Ein steifes, verspanntes oder unaufmerksames Pferd, welches sich nicht in Harmonie mit dem Reiter befindet, wird Zügelhilfen nie weich und entspannt annehmen. Es wird immer versuchen, sich dagegen zu wehren. Es geht über dem Zügel, hinter dem Zügel oder legt sich zentnerschwer auf die Hand. Kurz, es ist nicht durchlässig, es steht nicht an den Hilfen. Nun haben wir in zwei Sätzen fünf Begriffe Reitchinesisch, die erklärungsbedürftig sind.

Durchlässig

Fangen wir mit dem wichtigen Begriff der Durchlässigkeit an:
Ein Pferd ist durchlässig, wenn es der Reiter „von hinten nach vorne" reiten kann. Was bedeutet nun das wieder?
Sie wissen, daß jede Bewegung beim Pferd hinten anfängt. Vorne, d.h. am Zügel, kann die Bewegung begrenzt und gelenkt werden. Befindet sich nun zwischen den beiden Schaltstellen Hinterhand (=Motor) und Vorhand (=Lenkung) kein Widerstand im Pferd, so spricht man von Durchlässigkeit. Wenn das Pferd die treibenden Reiterhilfen annimmt und der Reiter die Energie, die es hinten entwickelt, ohne Widerstand vorne in beliebige Richtungen lenken kann, ist das Pferd durchlässig. Wird der Vorwärtsschub durch Annehmen der Zügel begrenzt, so spricht man vom Zusammenstellen des Pferdes, vom „an den Zügel reiten" (das Pferd wird von hinten nach vorne an den Zügel geritten) oder auch davon, das Pferd „rund" zu reiten. Soll das Pferd vermehrt versammelt werden, so wird der Vorwärtsschub durch weiteres Annehmen der Zügel (immer natürlich in Form von Paraden und nicht durch gleichmäßigen Zug am Zügel) nach oben gelenkt. Die Vorhand hebt sich, die Hinterhand senkt sich und tritt vermehrt unter den Schwerpunkt von Pferd und Reiter. Arbeitet der Reiter zuviel mit dem Zügel und zuwenig mit treibenden Hilfen, so reicht der Schub nicht und das Pferd schleicht mit schleppenden Bewegungen dahin.

Das Pferd ist durchlässig - die Zügelhilfen kommen bis zur Hinterhand durch.

Bruch in der Durchlässigkeit durch Spannung des Pferdes im Rücken: Ein Annehmen des Zügels erreicht nicht die Hinterhand des Pferdes - die Hilfen kommen nicht durch.

Das gleiche passiert, wenn es im Rücken Spannungen aufbaut. Ein verspannter Rücken des Pferdes blockiert die Bewegung von hinten nach vorne - das Pferd ist nicht durchlässig. Die treibenden Hilfen, der Schub aus der Hinterhand, kommen nicht vorne an, so daß der Reiter diese mit dem Zügel auch

75

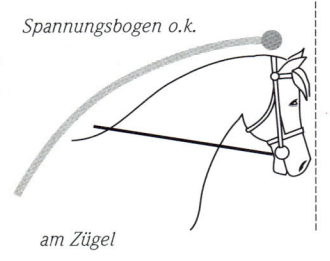

Spannungsbogen o.k.

am Zügel

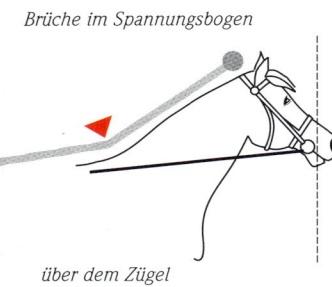

Brüche im Spannungsbogen

über dem Zügel

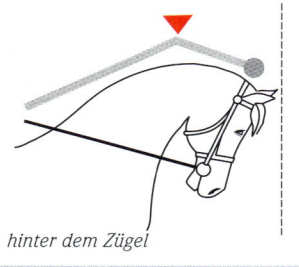

hinter dem Zügel

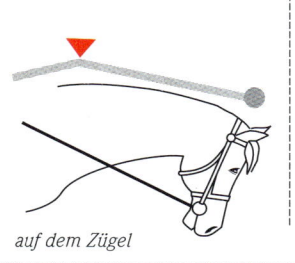

auf dem Zügel

nicht begrenzen kann. Würde er jetzt versuchen, das Pferd an den Zügel zu reiten, so müßte er am Zügel rückwärts einwirken. Dadurch verspannt sich das Pferd noch mehr und geht noch weniger vorwärts, was den Fehler der Rückenblockierung zusätzlich verstärkt. Wichtig für die Durchlässigkeit ist also immer genug Vorwärtstendenz aus der Hinterhand und ein frei schwingender Rücken des Pferdes. Alles andere ist Krampf - im wahrsten Sinne des Wortes - nämlich eine verkrampfte, schwunglose Bewegung des Pferdes unter dem Reiter.

Ein durchlässiges Pferd steht nun auch immer „an den Hilfen" Dieser Begriff besagt nichts anderes, als daß das Pferd alle Hilfen des Reiters - sowohl die vortreibenden als auch die begrenzenden und verhaltenden - ohne Widerstand annimmt. „Die Hilfen kommen durch" sagt man auch.

Am Zügel

Hinter, über, auf gilt nicht

Die Begriffe über dem Zügel, hinter dem Zügel und auf dem Zügel bezeichnen jeweils eine fehlerhafte Haltung des Pferdes und deuten auf ein nicht durchlässiges Pferd hin. Diese Fehlhaltungen des Pferdes

machen Ausbildungs- und/oder Koordinationsfehler des Reiters sichtbar - und sind immer ein Zeichen für Spannungen im Rücken- und Halsbereich des Pferdes. Deutlich sichtbar ist die fehlerhafte Haltung des Über-dem-Zügelgehens. Das Pferd drückt den Unterhals heraus und den Rücken nach unten weg. Es entzieht sich der reiterlichen Einwirkung durch Heben des Kopfes (diese Haltung entspricht der des alarmierten Pferdes mit Fluchtbereitschaft). Ein solches Pferd ist vom Reiter kaum zu kontrollieren, weil der Rücken als Verbindung zwischen vorne und hinten völlig blockiert ist (Rückenschäden beim Pferd sind die Folge). Viele versuchen, diesem Problem mit Hilfszügeln beizukommen. Doch damit wird nur ein Symptom bekämpft. Wichtig ist jedoch, den Rücken des Pferdes zu entspannen, um wieder die Verbindung zwischen hinten und vorne herzustellen. Biegeübungen und Leichter Sitz sind hier der Schlüssel zu dauerhafter Fehlerkorrektur.

Bei einem Pferd, welches hinter dem Zügel geht, befindet sich die Nasenlinie hinter der Senkrechten. Das Genick des Pferdes, das vordere Ende der Wirbelsäule zwischen den Ohren, ist dann nicht mehr der höchste Punkt. Statt dessen knickt das Pferd seine Halswirbelsäule im zweiten oder dritten Wirbel ab (es geht mit falschem Knick). Im Prinzip liegt das gleiche Problem zugrunde wie beim Pferd, welches über dem Zügel geht. Das Pferd blockiert den Schub von hinten in der Halswirbelsäule. Der falsche Knick wirkt wie eine Bruchstelle in einer gebogenen Gerte. Vergleicht man die gleichmäßige Spannung der Gerte mit der gleichmäßigen Durchlässigkeit im Rücken des Pferdes, so hat beides an der Bruchstelle (am Knick) ein Ende.

Viele Reiter ohne gutgeschulte Beobachtungsgabe erkennen den falschen Knick gar nicht, wenn das Pferd nur leicht hinter der Senkrechten geht, und meinen fälschlich, das Pferd gehe am Zügel. Diese Störung der Durchlässigkeit können Sie jedoch daran erkennen, daß das Pferd bei verhaltendem Annehmen der Zügel und gleichzeitig treibenden Hilfen durch falsches Einrollen im Hals reagiert statt durch Heben der Vorhand und Untertreten der Hinterhand. „Der Reiter zieht dem Pferd den Kopf auf die Brust".

Ein Pferd, welches sich auf den Zügel legt, trägt sich nicht selbst. Es fehlt Vorwärts-Energie aus der Hinter-hand. Das Pferd ist kopflastig und hat zuviel Gewicht auf der Vorhand. Diese Kopflastigkeit macht sich vor allem bei Paraden bemerkbar. Statt mit der Hinterhand durch vermehrtes Untertreten den Vorwärtsschub aufzunehmen, rennt das

Galopp: Zügel aus der Hand kauen lassen · das Pferd streckt sich in die Dehnungshaltung · seine Rückenlinie ist rund · ohne Brüche im Spannungsbogen.

Pferd gegen die Hand des Reiters an wie gegen eine Mauer. Vermehrtes Aktivieren der Hinterhand (treibende Hilfen) und Wegnehmen der zu starren Hand als Stütze (vibrierendes Annehmen und Nachgeben) dienen als Korrekturmöglichkeiten.

Bei allen diesen Schwierigkeiten mit der Zügeleinwirkung liegt immer ein Koordinationsproblem in den Hilfen des Reiters zugrunde.

Besonders Pferde, welche über dem Zügel gehen oder sich auf den Zügel legen, gelten landläufig als hartmäulig, weil der Reiter fälschlich denkt, er müsse härter mit dem Zügel einwirken, um mit seinen

Hilfen „durchzukommen". Hartmäuligkeit bezeichnet in den meisten Fällen einen Fehler in der Durchlässigkeit (also einen Reiterfehler), deutet in selteneren Fällen aber auch einmal auf eine gewisse grundsätzliche Sturheit des Pferdes im Bezug auf die (gesamten) Reiterhilfen hin. Ein phlegmatisches Temperament des Pferdes kann sich in einer Unempfindlichkeit des Pferdemaules auswirken. Der Reiter kann ein „hartes Maul" nur bessern, indem er versucht, die Blockierungen des Pferdes im Rückenbereich - hauptsächlich durch Vorwärtsreiten und Biegen - zu beheben. Härtere Zügeleinwirkung, vermehrtes „Ziehen" am Zügel macht ein hartmäuliges Pferd nur noch härter. Die „weiche" Hand des Reiters ist stattdessen gefragt (siehe unten).

„Sahnemäulchen"

Ein „weiches" Maul des Pferdes deutet immer darauf hin, daß das Pferd die Hilfen (und zwar alle Hilfen, nicht nur die Zügelhilfen) des Reiters gut annimmt, daß es von hinten nach vorne durchlässig ist.

Im Zuge der guten Durchlässigkeit ist auch das Kauen das Pferdes von Bedeutung. Ein Pferd mit „Sahne" vor dem Maul kaut zufrieden auf dem Gebiß herum und produziert deswegen ausreichend Speichel. Sein Maul ist beweglich und nicht angespannt. Es sucht die Anlehnung an die Hand des Reiters. Das Kauen

Weiches Maul: die bezeichneten Punkte müssen beweglich sein, damit das Pferd kauen kann.

deutet aber auch auf eine Beweglichkeit des Pferdes im Genickbereich und in den Ganaschen (also im Bereich der Ohrspeicheldrüse) hin. Wenn das Pferd dort beweglich und nachgiebig ist, so ist dies wieder ein Zeichen für einen ungehinderten Fluß der Bewegung von hinten nach vorne, also für Durchlässigkeit.

Nun kaut nicht jedes Pferd gleich stark. Ein Pferd, welches mit dauernder Zügel-Anlehnung geritten wird, wird meist stärker kauen als ein Pferd, welches z.B. westernmäßig mit minimalem Zügelkontakt oder leicht hängendem Zügel geritten wird. Das muß nicht bedeuten, daß das mit minimalem Kontakt gerittene Westernpferd nicht durchlässig ist. Seine Ohrspeicheldrüse wird jedoch weniger durch dauernde halbe Paraden und dauerndes Reagieren des Pferdekopfes auf die Reiterhand zur Speichelproduktion angeregt.

„Samtpfötchen" statt „Eisenklauen"

Kommen wir am Ende zum Begriff der „weichen Hand" Die weiche Hand gilt als Lob für den guten Reiter. Weiche Hand und Weichmäuligkeit stehen immer in Verbindung miteinander.

Die weiche Hand ist auf keinen Fall eine starre Hand, die absolut fest auf

ihrem Platz stehen bleibt (das kann sie gar nicht, denn Reiter und Pferd befinden sich in steter Bewegung - und mit ihnen die Reiterhand). Sie ist auch - im Gegensatz zur landläufigen Meinung - keine ruhigstehende Hand, an die das Pferd herantritt. Die weiche Hand ist eine unabhängige Hand, die mit dem Gebiß im Pferdemaul „spielen" kann. Die Hand wirkt dann weich, wenn sie das Pferd dazu veranlaßt, Genick, Hals, Rücken und damit auch das Maul zu entspannen. Vorgabe ist: sowenig Kraft wie möglich aufwenden und möglichst nicht beide Zügel mit gleicher Intensität annehmen - d.h. dem Pferd keine Möglichkeit zum „Auf-die-Hand-legen" geben und damit keine Verspannung des Hals-Nackenbereiches ermöglichen. Vorgabe ist weiterhin, daß die treibenden Hilfen ausreichen, um durch annehmende Zügelhilfen die Vorwärtstendenz nicht auszuschalten. Klaus Meiners, ein erfolgreicher Ausbilder von Dressurpferden und -reitern, hat den schönen Begriff geprägt „das Pferd soll seinem Gebiß hinterherlaufen". Er soll ausdrücken, daß das Pferd immer bereit sein soll, die Nase noch ein Stück tiefer zu nehmen und dabei den Hals zu dehnen, wenn der Reiter es durch leichtes Bewegen des Gebisses im Maul des Pferdes dazu auffordert. Das funktioniert nicht nur in der Bewegung, sondern auch im Halten. Die im Kapitel „Druck erzeugt Gegendruck" schon angesprochenen vibrierenden Zügelhilfen sind das Mittel dazu. Die Hand wird beweglich aus dem lockeren Handgelenk eingesetzt. Sie steht aufrecht. Der Daumen liegt locker gewinkelt als Dach auf dem mittleren Gelenk des Zeigefingers. Verkrampfen Sie den Daumen nicht und strecken Sie ihn nicht durch; das blockiert die Beweglichkeit Ihrer Hand. Jede Muskelspannung durch verdrehte Handgelenke, aber auch im Oberarm und in Schulter und Nacken des Reiters, wirkt sich zudem auf die Beweglichkeit der Hand aus. (Probieren Sie es aus: Versteifen Sie Ihre Schultern und versuchen dabei, die Hände locker auszuschütteln.) Ein Reiter mit einer beweglichen, weichen Hand ist also immer auch im Schultergürtel locker, was wiederum nur aus einer aufrechten Sitzposition möglich ist (siehe auch Kapitel über das Gleichgewicht).

Die weiche Hand deutet also immer auch auf den richtigen Sitz des Reiters hin und gilt deswegen als Kompliment.

Lockern des Pferdes „vorwärts-abwärts" bei aktiver Hinterhand.

Das Kreuz mit dem Kreuz

„Kreuz"-hilfen.

Kreuz anspannen –

und wofür man das braucht

Wie schon in den
Ausführungen über den
ausbalancierten Sitz
angerissen, gibt es keinen
einzelnen Muskel, der für
das sogenannte Anspannen
des Kreuzes verantwortlich
wäre. Es ist vielmehr ein
komplexes Zusammen-
spielen verschiedener Teile
der Muskulatur.

MUSKEL-ARBEIT

Bauchmuskel, Hüft-Lendenmuskel und Gesäßmuskel kippen beim „Anspannen des Kreuzes" das Becken und verändern den Druck des Reitergewichtes auf den Pferderücken. Der Rückenmuskel des Reiters wird dabei jedoch nur gedehnt. Er leistet keine aktive Arbeit.

Bleiben wir trotz der etwas irreführenden Bezeichnung beim gängigen Begriff „Kreuz anspannen", weil er sich eingebürgert hat. Was bewirkt nun das Anspannen des Kreuzes?
Es bleibt kompliziert: es kann nämlich verschiedene Wirkungen haben. Die Wirkung ist abhängig davon, wie und in welcher Situation das Kreuz angespannt wird. Sie ist zudem davon abhängig, welche anderen Hilfen zusätzlich gegeben werden.

Vorwärtsschiebend oder verhaltend

Zwei Hauptmöglichkeiten hat der Reiter mit dieser Maßnahme:
1. Er kann mit dem Kreuz vorwärtstreiben und die treibenden Schenkelhilfen unterstützen.
2. Er kann mit dem Kreuz anhalten oder verlangsamen und die verhaltenden Hilfen unterstützen.

Diese beiden Varianten müssen sich doch gegenseitig ausschließen, denken Sie?

„Kreuzhilfen" funktionieren nur aus der aufrechten Sitzposition.

Das wäre nur dann so, wenn das Anspannen des Kreuzes isoliert als eine Hilfe betrachtet werden könnte. Es gibt aber keine einzelne Hilfe, die nicht in den Kontext von Bewegung, Situation, Ziel (was will ich mit der Hilfe erreichen) und ergänzenden Hilfen eingebettet wäre.

„Wörter und Sätze"

Sie wollen dem Pferd einen Wunsch mitteilen; es soll auf diesen Wunsch reagieren. Dazu sprechen Sie mittels der Hilfen mit ihm. Alle Hilfen, mit denen Sie dem Pferd diesen Wunsch vermitteln, bilden nun einen Satz. Die Kreuzhilfe ist dann ein Wort oder ein Satzteil in diesem Satz.

Wie Worte verschiedene Bedeutung innerhalb unterschiedlicher Kontexte haben können, so ist es auch mit der Kreuzhilfe.

Wollen Sie dem Pferd nun mitteilen: „Ich möchte anhalten", so geben Sie eine verhaltende Zügelhilfe, verlegen Ihren Schwerpunkt nach hinten und treiben die Hinterbeine des Pferdes unter seinen Schwerpunkt. Das Pferd soll sowohl seine nach vorne gerichtete Bewegungsenergie

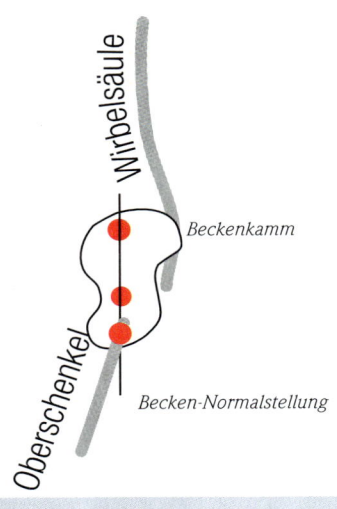

Beckenkamm

Becken-Normalstellung

Normalsitz

Aus dem aufrechten Sitz ergeben sich 3 Möglichkeiten einer Kipp-Bewegung des Beckens mit den als rote Punkte gekennzeichneten Drehpunkten.

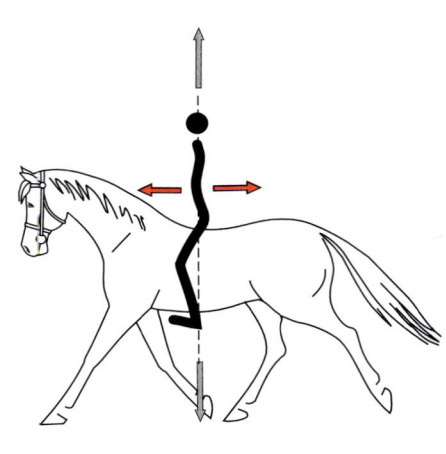

als auch sein und Ihr Gewicht durch vermehrtes Untertreten der Hinterbeine aufnehmen. Wenn Sie nun zu dieser Hilfenkombination das Kreuz anspannen, so wirkt dies verhaltend, denn Sie können mit dem Abkippen des Beckens die Rückenbewegung des Pferdes - und damit die Vorwärtstendenz hemmen. Vorausgesetzt Sie kippen das Becken nach der richtigen Seite ab. Der untere Teil des Beckens soll sich nach vorne, der Beckenkamm nach hinten bewegen. Hüfte und Rippen des Reiters nähern sich aneinander an. Der Reiter sackt im Oberkörper minimal zusammen. Die Wirbelsäule steht im unteren S-Bereich fast gerade. Diese gerade Stellung läßt keine Federung zu und hemmt so die Rückenbewegung des Pferdes. Es fühlt sich in seiner Vorwärtsbewegung gestört und verlangsamt, versammelt sich bzw. hält

an. Setzen Sie sich auf die Kante eines Hockers und kippen in nach vorne - das ist prinzipiell die oben beschriebene blockierende Kippbewegung des Beckens.

Wollen Sie dem Pferd aber mitteilen: „Tritte im Trab verlängern" (Mitteltrab), so sieht die Kreuzhilfe im Kontext folgendermaßen aus: Wieder treiben Sie mit den Unterschenkeln vorwärts, Ihre Hand gibt jedoch nach, um eine raumgreifende Bewegung nach vorne zu ermöglichen. Kurze Paraden erhalten Aufmerksamkeit und Haltung des Pferdes, wenn nötig.

Setzen Sie nun die Kreuzhilfe zusätzlich ein, so wollen sie damit das Pferd vorwärts in die Bewegung hineinschieben. Dabei sieht diese aber etwas anders aus als die verhaltende. Wieder wird das Becken gekippt

- aber nicht hemmend, sondern eher schiebend, dynamisch.
Wie das gehen soll?

Der Reiter blockiert nicht mit einem „Zusammensacken" die Rückenbeweglichkeit des Pferdes, sondern richtet sich vermehrt auf und schiebt sich selbst nach vorne in die Bewegung hinein; er läßt nach kurzem, schiebendem Abkippen des Beckens sofort wieder seine „beckenkippenden" Muskeln los. Das Abkippen mit dem nachfolgenden Entspannen geschieht rhythmisch in der Trabbewegung. Der Drehpunkt dieser vorwärtsschiebenden Kipp-Bewegung sitzt weiter oben im Becken als der der hemmenden Bewegung. Der Oberkörper bleibt senkrecht - der Schwerpunkt des Reiters wird nicht nach hinten verlegt. Der Brustkorb nähert sich nicht den Hüftknochen.

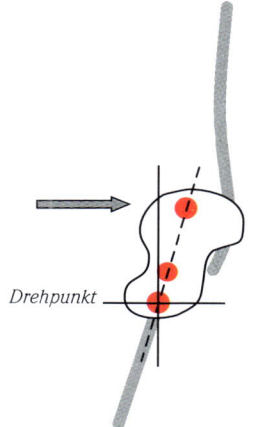

Drehpunkt

Die verhaltende Kreuzhilfe:
Der Beckenkamm wird nach hinten gekippt, die Gesäßknochen bleiben am Punkt, die Bewegung wird an dieser Stelle blockiert.

Der Drehpunkt der Kippbewegung liegt ganz unten.
Die Rippen des Reiters nähern sich dem Beckenkamm. Seine Bauchmuskeln sind angespannt.

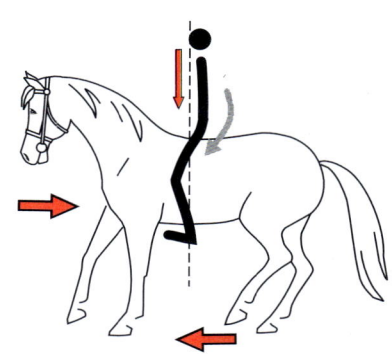

Die treibende Kreuzhilfe:
Der Beckenkamm wird nach hinten gekippt, die Gesäßknochen rutschen leicht nach vorne.
Die Bewegung bleibt dynamisch - vorwärtsschiebend.
Wichtig: *Der Reiter richtet sich dabei vermehrt auf, statt leicht zusammenzusacken wie bei der blockierenden Hilfe.*

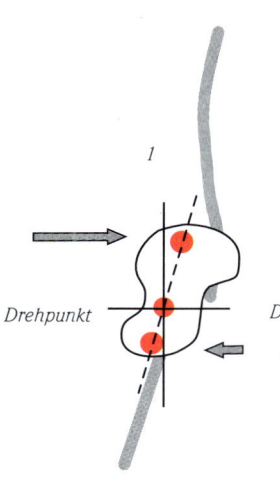

Drehpunkt

1

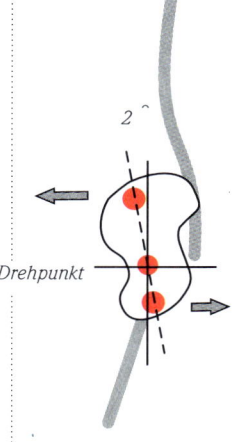

Drehpunkt

2

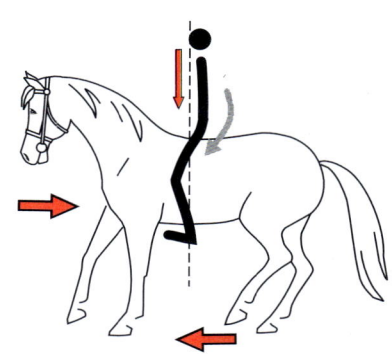

Der Drehpunkt ist das Hüftgelenk. - er liegt höher als bei der verhaltenden Hilfe.

Die Gesäßknochen bewegen sich leicht nach vorne ...
....und wieder zurück.
Der Beckenkamm bewegt sich nach hinten....
(jedoch nicht so weit wie bei der blockierenden Stellung)
.....und schwingt nach vorne
(über die Ausgangsstellung hinaus) zurück.

Phase 1:
Verstärkung des Drucks der Gesäßknochen auf den Pferderücken.

Phase 2:
Abschwächung des Drucks der Gesäßknochen auf den Pferderücken.

Die diagonale Kontrolle

Biegung als Grundlage der Versammlung.

Kontrolle am äußeren Zügel.

Hilfenkombinationen für Biegung und Korrektur

auf dem Zirkel.

In der Biegung muß das Pferd die Muskeln seiner äußeren Seite entspannen (dehnen). Dieses „Loslassen" der äußeren Seite wird im Verlauf aufbauender versammelnder Arbeit wichtig, weil ein Pferd mit entspannten Muskeln nur schlecht Gegendruck aufbauen kann. Die meisten Steifheiten oder Widersetzlichkeiten des Pferdes auf der Geraden sind gut über wechselseitige Biegeübungen zu korrigieren, weil in der Biegung zumindest eine Seite schon entspannt ist. Zudem gymnastiziert die Biegung das jeweils innere Hinterbein des Pferdes und erhöht damit seine Tragkraft.

Ein richtig gebogenes Pferd wird nicht am inneren, sondern am äußeren Zügel kontrolliert.

Das Pferd schleudert mit der Hinterhand heraus.

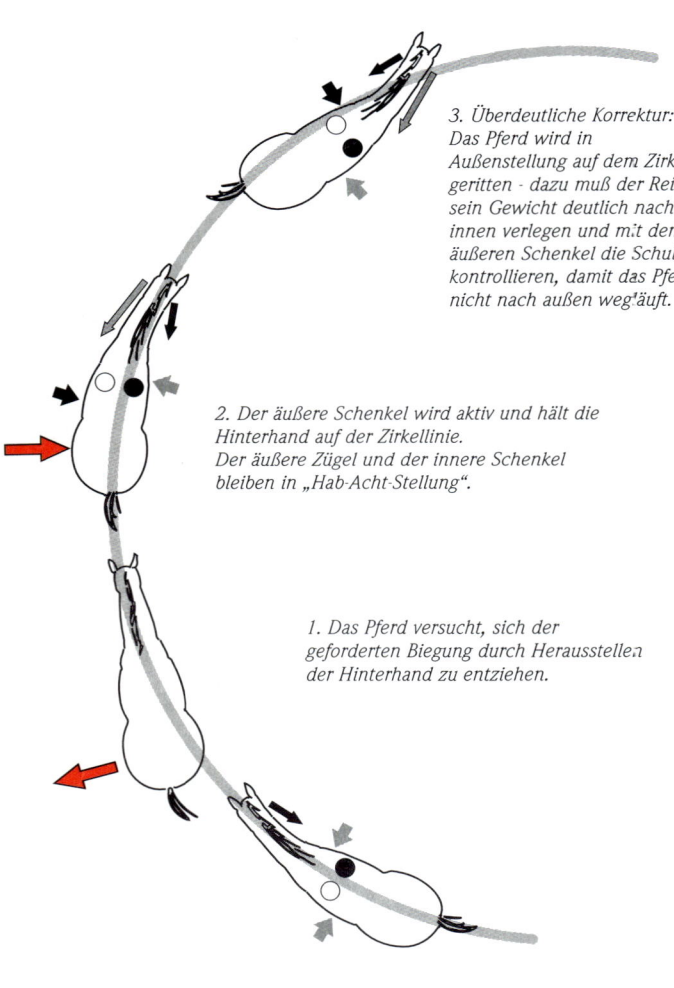

*3. Überdeutliche Korrektur:
Das Pferd wird in
Außenstellung auf dem Zirkel
geritten - dazu muß der Reiter
sein Gewicht deutlich nach
innen verlegen und mit dem
äußeren Schenkel die Schulter
kontrollieren, damit das Pferd
nicht nach außen weg'äuft.*

*2. Der äußere Schenkel wird aktiv und hält die
Hinterhand auf der Zirkellinie.
Der äußere Zügel und der innere Schenkel
bleiben in „Hab-Acht-Stellung".*

*1. Das Pferd versucht, sich der
geforderten Biegung durch Herausstellen
der Hinterhand zu entziehen.*

ZIRKEL

Längsbiegung und Kontrolle auf gebogenen Linien

Wie wir schon bei den angelernten Schenkelhilfen erläutert haben, reagiert das Pferd, wenn der Reiter den inneren Zügel immer weiter annimmt (und dabei keine anderen Hilfen gibt), damit, daß es die Hinterhand nach außen wegstellt (seine Hinterhand fällt nach außen aus). Dieses Verhalten wirkt sich erschwerend auf das Reiten auf gebogenen Linien mit korrekter Längsbiegung des Pferdes aus. Nach dem natürlichen Faulheitsprinzip versucht sich das Pferd der anstrengenden Biegung auf verschiedene Arten zu entziehen - glücklicherweise haben Sie als Reiter aber auch eine Reihe von Korrekturinstrumenten in der Trickkiste, um das zu verhindern. Die „Tricks" sind dabei nichts anderes als die im Hinblick auf das Korrekturziel zweckmäßig kombinierten Zügel-, Schenkel- und Gewichtshilfen.

3 Möglichkeiten, sich zu entziehen

Das Pferd hat drei Hauptmöglichkeiten, sich der Biegung zu entziehen:
1. Es kann mit der Hinterhand herausschleudern.

2. Es kann mit der Vorhand in den Zirkel hineinfallen.

3. Es kann die gleichmäßige Biegung in seiner Längsachse unterbrechen.

Hinterhand schleudert heraus

1. Wollen Sie mit einem steifen Pferd auf den Zirkel abwenden, so geschieht das eingangs Beschriebene: Das Pferd schleudert mit der Hinterhand aus dem Zirkel heraus, weil es die Biegung als anstrengend empfindet (im Schritt weniger, in schnelleren Gangarten wie Trab und Galopp mehr). Hat das Pferd aber gelernt, auf den Schenkeldruck zu reagieren, so können Sie durch Druck des äußeren Schenkels (etwas hinter dem Gurt) das Pferd dazu veranlassen, die Hinterhand nicht nach außen wegzunehmen. Halten Sie es dabei mit dem inneren Zügel in Innenstellung und Ihrem nach innen verlagerten Gewicht auf der Zirkellinie, so sollte sich das Pferd bei dieser Prozedur in den Rippen (also in Längsrichtung) biegen.

Schulter kippt nach innen

2. Es hat allerdings noch die zweite Möglichkeit, sich der Biegung durch ein Steifmachen der inneren Schulter zu entziehen. Es kippt dabei praktisch in die Wendung hin-

ein - der Zirkel wird spiralförmig immer enger - das Pferd bleibt aber dabei in seiner Längsachse gerade. (Das passiert oft dann, wenn es zwar den äußeren begrenzenden Schenkel annimmt, sich aber trotzdem aus der Biegung mogeln will). Sie verhindern das, indem Sie den inneren Schenkel verwahrend am Gurt einsetzen, um die Schulter

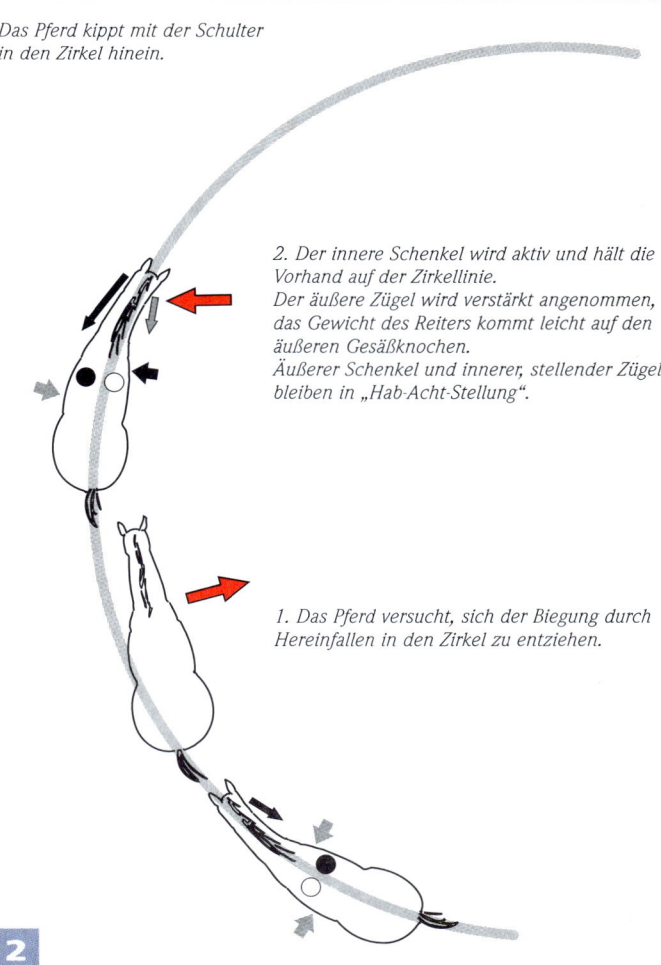

Das Pferd kippt mit der Schulter in den Zirkel hinein.

2. Der innere Schenkel wird aktiv und hält die Vorhand auf der Zirkellinie.
Der äußere Zügel wird verstärkt angenommen, das Gewicht des Reiters kommt leicht auf den äußeren Gesäßknochen.
Äußerer Schenkel und innerer, stellender Zügel bleiben in „Hab-Acht-Stellung".

1. Das Pferd versucht, sich der Biegung durch Hereinfallen in den Zirkel zu entziehen.

2

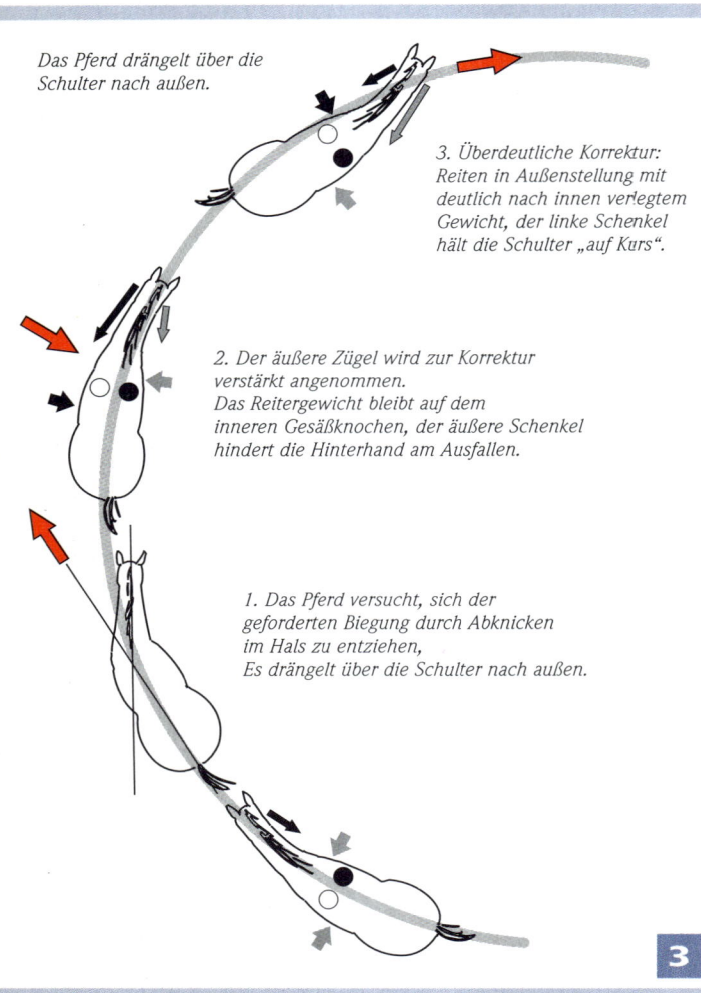

Das Pferd drängelt über die Schulter nach außen.

3. Überdeutliche Korrektur:
Reiten in Außenstellung mit deutlich nach innen verlegtem Gewicht, der linke Schenkel hält die Schulter „auf Kurs".

2. Der äußere Zügel wird zur Korrektur verstärkt angenommen.
Das Reitergewicht bleibt auf dem inneren Gesäßknochen, der äußere Schenkel hindert die Hinterhand am Ausfallen.

1. Das Pferd versucht, sich der geforderten Biegung durch Abknicken im Hals zu entziehen,
Es drängelt über die Schulter nach außen.

gestellt werden, um die Biegung einzuleiten. Dann bekommt der innere Schenkel allerdings viel Arbeit, um die Schulter des Pferdes außen zu halten.

Je nachdem, wie stark Ihr Pferd in die Wendung kippt, können Sie Ihr Gewicht zur Korrektur mehr oder weniger stark nach außen verlegen, um der unerwünschten Verkleinerung des Zirkels entgegenzuwirken (Das Pferd folgt Ihrer Gewichtsverlagerung nach außen - es läuft unter Ihr Gewicht). Der äußere Zügel wird nun wichtig; er hilft maßgeblich, das Pferd auf der Zirkellinie außen zu halten.

Zwischen dem Annehmen des stellenden inneren Zügels und dem des kontrollierenden äußeren Zügels müssen Sie dann schnell hin- und herwechseln können - sonst ziehen Sie sich hoffnungslos fest (siehe Zügelhilfen).

Das Pferd drängelt über die Schulter heraus

3. Das Pferd ist jedoch einfallsreich, wenn es um seine Bequemlichkeit geht: es kann sich noch auf eine dritte Weise der korrekten Biegung (die immer gleichmäßig durch die gesamte Längsachse des Pferdes verlaufen soll) entziehen: Es knickt einfach den Hals stärker ab als den Rest des Körpers. Der Spannungsbogen der Längsbiegung hat damit

außen zu halten. Die Zügelhilfe geben Sie innen vibrierend, damit sich das Pferd nicht aufs Gebiß legen kann. (Man sagt auch „das Pferd wird um den inneren Schenkel

herum gebogen", d.h., äußerer Schenkel und innerer Zügel biegen das Pferd um den inneren Schenkel.) Manchmal muß das steife Pferd sogar überdeutlich nach innen

einen „Bruch" und das Pferd kann im Körper gerade bleiben. (Der seitliche Knick im Hals wirkt ähnlich wie der „falsche Knick" (siehe: hinter dem Zügel.) Die Bewegungsrichtung seines Körpers zeigt nun nach außen aus dem Zirkel heraus. Die äußere Schulter wird durch das Abknicken frei - und das Pferd drängelt über die äußere Schulter aus der gebogenen Zirkellinie heraus (im Reiterlatein: „Es läuft über die Schulter weg"). Jetzt wird der äußere Zügel immens wichtig. Verwahrend angenommen begrenzt er die Abstellung des Halses, um den Knick zu verhindern.

Pferde, die extrem nach außen drängeln, können Sie zur Korrektur sogar mit leichter Außenstellung auf dem Zirkel reiten. So verhindern Sie, daß die äußere Schulter immer wieder aus der Spur läuft. Dazu müssen Sie aber Ihr Gewicht extrem nach innen in die Wendung hineinverlagern, um das Pferd auf der Zirkellinie zu halten. Sie machen dabei prinzipiell nichts anderes als ein Rennfahrer, der durch eine Kurve driftet. Er lenkt nach außen, um das Ausbrechen des Wagens oder des Motorrades zu verhindern.

Kontrolle außen

Sie sehen, in der Biegung ist der äußere Zügel für Kontrolle und Korrektur wichtiger als der innere. Er kontrolliert die äußere Schulter des

Diagonale Wirkung der Hilfen in der Biegung

a. beim jungen Pferd

Das Pferd wird mit dem stellenden inneren Zügel leicht nach rechts gebogen - der äußere - linke - Schenkel hält die Hinterhand in der Spur - und veranlaßt damit das äußere Hinterbein zum Tragen.

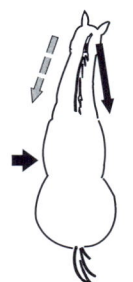 

Wirkung von innen nach außen

b. beim ausgebildeten Pferd

Der äußere Zügel wird als Kontrollzügel wichtiger als der stellende, innere. Das Pferd kann vermehrt über Gewichts- und Schenkelhilfen gebogen werden.
Ein Annehmen des äußeren Zügels wirkt diagonal auf das innere Hinterbein.

Wirkung von außen nach innen

Pferdes und wirkt diagonal auf sein inneres Hinterbein. Das innere Hinterbein wird immer dann in der Biegung vermehrt unter den Schwerpunkt geschoben, wenn Sie den äußeren Zügel annehmen. Warum das so ist?

In der Biegung setzt das Pferd den inneren Hinterfuß freiwillig nicht noch weiter nach innen, denn das würde die - anstrengende - Biegung in den Rippen verstärken. Erhalten Sie mit Gewicht, innerem und äußerem kontrollierenden Schenkel und dem vibrierend stellenden inneren Zügel die gleichmäßige Biegung und hindern das Pferd mit dem äußeren Schenkel daran, nach außen mit der Hinterhand auszufallen, so veranlaßt eine Parade am äußeren Zügel das innere Hinterbein vermehrt zum Tragen des Gewichts. Es kann schließlich nirgendwo anders mehr hin als unter den Schwerpunkt. Das innere Hinterbein wird durch dieses gymnastische

Der äußere Zügel muß beim Abwenden angenommen werden.

Training zu vermehrter Winkelung in den Hanken veranlaßt. Durch die Winkelung erhöht sich die deren federnde Wirkung und damit die Tragkraft des Beines.

Nun liegt natürlich auf der Hand, daß das Pferd auf beiden Seiten gleich gut gebogen werden muß, damit beide Hinterbeine gleich stark trainiert werden.

Fast alle Pferde sind jedoch einseitig steif, die Reiter desgleichen. Auf der steiferen Seite des Pferdes sollte vorsichtiger und länger gearbeitet werden. Vorsichtiger, was die Stärke der geforderten Biegung betrifft und länger, um die steife Seite langfristig an die andere anzugleichen. Der Reiter muß zusätzlich versuchen seine eigene steife Seite zu gymnastizieren, um gleichmäßig auf sein Pferd einwirken zu können.

Die Arbeit in wechselseitiger leichter Biegung erlaubt es Ihnen schließlich, das Pferd von hinten nach vorne an das Gebiß zu reiten, ohne daß Sie mit beiden Zügeln gegenhalten müssen. Sie animieren immer das jeweils innere Hinterbein zum Tragen und Untersetzen. Der äußere Zügel reicht zur Kontrolle, der innere kann immer wieder nachgegeben werden und verhindert so, daß sich das Pferd auf die Hand legt. Es bleibt deswegen locker im Genick. Das Pferd kann sich zudem durch die Dehnung seiner äußeren Seite in der Biegung kaum verspannen. Es hat also langfristig kaum eine Chance, sich der Gymnastizierung zu entziehen.

Versammlung

Grundlage der Versammlung durch die diagonale Kontrolle

Funktioniert die diagonale Kontrolle auf beiden Seiten gleichmäßig gut, so ist das Pferd auf beiden Seiten durchlässig (siehe dort). Der Grundstein zur vermehrten Versammlung ist gelegt. Auch auf der Geraden kann der Reiter dann durch Annehmen jeweils eines Zügels (bei gleichzeitigem Treiben natürlich) das gegenüberliegende Hinterbein aktivieren. Hält er mit beiden Zügeln kurz gegen und treibt mit beidseitigem Schenkeldruck, so schiebt er das Pferd gerade von hinten nach vorne zusammen - er versammelt es auf der Geraden. Dabei wirkt dann der angenommene Zügel nicht mehr nur diagonal auf das gegenüberliegende Hinterbein, sondern auch auf das gleichseitige.

Versammlung:
oben unter dem Reiter,
unten an der Hand.

Kringel und Schleifen

Bahnfiguren + Seitengänge.
Schikane oder
Ausbildungshilfe?

Ihr Glück der Erde auf dem Pferderücken liegt eher im Gelände als in der Bahn, Sie lehnen die Arbeit in der Bahn als unbefriedigend ab? Sie betrachten die Anweisungen, Bahnfiguren penibel und konsequent zu reiten, als unzeitgemäßen militärischen Drill? Kurz, Sie fragen sich nach dem Sinn von Seitengängen und anderen „zirzensischen" Spielereien?

Kontrolle und Gleichgewicht

In diesem Kapitel wollen wir noch einmal kurz erläutern, worin der Sinn einer korrekten Bahnarbeit - auch für den Geländereiter - liegt. Gegen die Tatsache, mit seinem Pferd mehr im Gelände als in der Reitbahn unterwegs zu sein, ist nichts einzuwenden, wenn sich Reiter und Pferd im Gleichgewicht befinden und der Reiter sein Pferd in allen Lebenslagen kontrollieren kann.

Beides kann zwar durch Arbeit im Gelände unterstützt werden - die Grundlagenarbeit ist jedoch in der Bahn einfacher. Das korrekte Reiten von Bahnfiguren und Seitengängen unterstützt die Bemühungen des Reiters, sich und sein Pferd ins Gleichgewicht zu bringen. Und vor allem hilft es dem Reiter, seine Bewegungen auf dem Pferd, besonders seine Hilfengebung zu koordinieren - und mit der Zeit zu minimieren.

GYMNASTIK

Jede Ecke, die korrekt mit sauberer Stellung und Biegung des Pferdes ausgeritten wird, ist eine Viertelvolte, die das Pferd in der Längsachse biegt und gymnastiziert und Ihnen zeigt, daß Sie Ihre

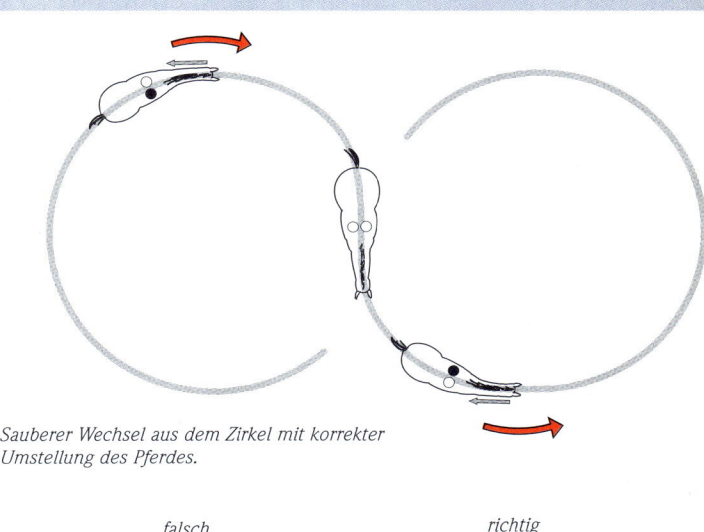

Sauberer Wechsel aus dem Zirkel mit korrekter Umstellung des Pferdes.

falsch   *richtig*

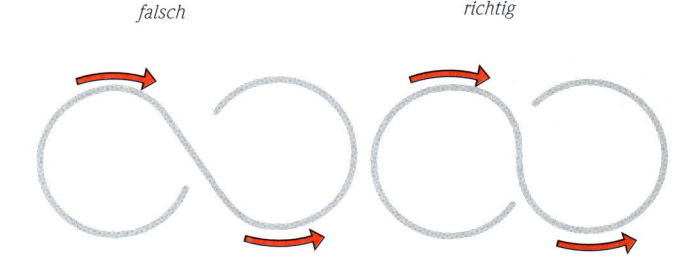

Hilfen korrekt gegeben haben. Denken Sie nur einmal daran, wie schwer schon ein kreisrunder Zirkel mit gleichmäßig gebogenem Pferd zu reiten ist.

Der gelungene Wechsel aus dem Zirkel im Trab in der richtigen Form einer sauberen, bauchigen Acht erfordert schon ein beachtliches Maß an Feinmotorik und Timing vom Reiter. Das können Sie leicht feststellen, wenn Sie wirklich versuchen, diesen Wechsel mit der korrekten Umstellung des Pferdes im Mittelpunkt absolut rund zu reiten. Wie oft läuft Ihnen das Pferd im Zickzack über die Mittellinie oder versucht abzukürzen und eine Diagonale aus der Acht zu machen? Die Umstellung von einer Hand auf die andere beim Wechsel aus dem Zirkel - also von einer Längsbiegung in die andere, hat für das Pferd einen beachtlichen gymnastiziernden Effekt. Wechsel durch den Zirkel und Schlangenlinien durch die ganze Bahn verstärken diesen noch, weil die Wendungen enger sind. Das korrekte Orientieren an optischen Bezugspunkten durch das Reiten von Bahnfiguren erleichtert Ihnen, zu erkennen, wann Ihr Pferd schludrig reagiert und sich durch eigenmächtiges Geradestellen der Gymnastik entzieht, oder wann Sie selbst schlampige (= undeutliche) Hilfen geben.

SEITENGÄNGE

...erleichtern die Feinabstimmung und verbessern die Tragkraft

Das gleiche gilt noch stärker für die Seitengänge. Sie gymnastizieren das Pferd, verbessern die Tragkraft seiner Hinterhand, unterstützen die Taktreinheit seiner Gänge, erleichtern dem Reiter die Kontrolle und leisten unschätzbare Dienste im Hinblick auf die Koordination der Hilfen.

Bei den Seitengängen kommt es darauf an, Vor- und Hinterhand, Stellung, Biegung und Bewegungsrichtung des Pferdes unabhängig voneinander zu beeinflussen. Jeder Körperteil des Pferdes kann präzise

gesteuert werden, wenn die Koordination stimmt. Es liegt auf der Hand, daß diese Arbeit wesentlich zur Harmonisierung und Minimierung der Hilfen beiträgt. Sie lernen, wo genau und zu welchem Zeitpunkt Sie die Schenkel einsetzen müssen - welchen Einfluß schon eine geringfügige Änderung der Blickrichtung (Körperdrehung), der Kopfhaltung und der Gewichtshilfen auf die Bewegung des Pferdes haben. Und welchen Zügel Sie wann, wo und wie stark einsetzen, um Biegung und Stellung zu erhalten.

Beleuchten wir die Seitengänge und ihren Nutzen hier noch einmal genauer. Welche Arten der Seitengänge gibt es überhaupt und was bewirken sie?

Schenkelweichen

1. Die einfachste Form ist das Schenkelweichen, bei der das Pferd gegen die Bewegungsrichtung gestellt ist. Einfach deswegen, weil es an das Pferd keine sehr hohen Anforderungen hinsichtlich der Biegung und Gymnastizierung stellt. Schenkelweichen dient hauptsächlich der Sensibilisierung auf den Reiterschenkel. Das Pferd soll dem Schenkeldruck ausweichen und mit dem inneren Beinpaar seitlich vor das äußere Beinpaar

treten. Die Bande dient als Hilfsmittel zur Begrenzung der Vorwärtsbewegung, so daß die Zügeleinwirkung des Reiters recht einfach ist. Der Reiter sitzt leicht gegen die Bewegungsrichtung.
Beispiel Schenkelweichen nach links (auf der linken Hand):
Der innere (rechte) Schenkel des Reiters treibt am Gurt, der äußere liegt verwahrend hinter dem Gurt und korrigiert die Abstellung der Hinterhand, wenn nötig. Der innere (rechte) Zügel stellt leicht nach rechts. Der äußere Zügel verhindert ein Einknicken des Halses (siehe auch „Die diagonale Kontrolle").
Das Pferd bewegt sich in einem Winkel von 45% vorwärts-seitwärts nach links vorne.
Eine Sonderform des Schenkelweichens ist die reine Seitwärtsbewegung, wie sie die Westernreiter für Trailübungen verwenden. Das Pferd bewegt sich nicht vorwärts-seitwärts, sondern nur seitwärts. Würde es an der Bande entlanggehen, hätte es eine 90°-Abstellung. Um diese Bewegung zu erreichen, wird der äußere (im obigen Beispiel der linke) Zügel verstärkt eingesetzt und begrenzt die Vorwärtsbewegung immer weiter, bis das Pferd nur noch seitwärts tritt.
Hierbei können Sie deutlich die kontrollierende Wirkung dieses äußeren Zügels testen.

Schulterherein

2. Zweite Schwierigkeits-Stufe ist das Schulterherein. Hier hat der Reiter das Gewicht schon in Bewegungsrichtung des Pferdes verlegt, wie es nach der Gleichgewichtstheorie richtig ist.

Das Pferd ist jedoch noch gegen die Bewegungsrichtung gestellt. Die Bande als Begrenzung entfällt, der Reiter muß präziser den Zügel zur Kontrolle der Vorwärtsbewegung einsetzen. Das Pferd ist stärker gebogen als beim Schenkelweichen.

Beispiel Schulterherein nach rechts (auf der linken Hand):

Der Reiter treibt mit dem linken Schenkel, der rechte verwahrt, der linke Zügel stellt das Pferd nach links - es soll leicht nach links gebogen sein. Der rechte Zügel wird nun wieder wichtig: er hindert das Pferd daran, in Form einer Links-Wendung aus der Seitwärtsbewegung herauszulaufen (er begrenzt die Schulter). Der Reiter schaut in Bewegungsrichtung des Pferdes (über seine rechte Schulter hinweg geradeaus) und hat etwas Gewicht im rechten Bügel und dementsprechend auf dem rechten Gesäßknochen.

Diese Hilfengebung ist vergleichbar mit der Korrektur des Pferdes auf dem Zirkel, wenn es nach innen drängeln will (siehe dort). Ist die Bande auf der anderen Seite (Schulterherein nach links

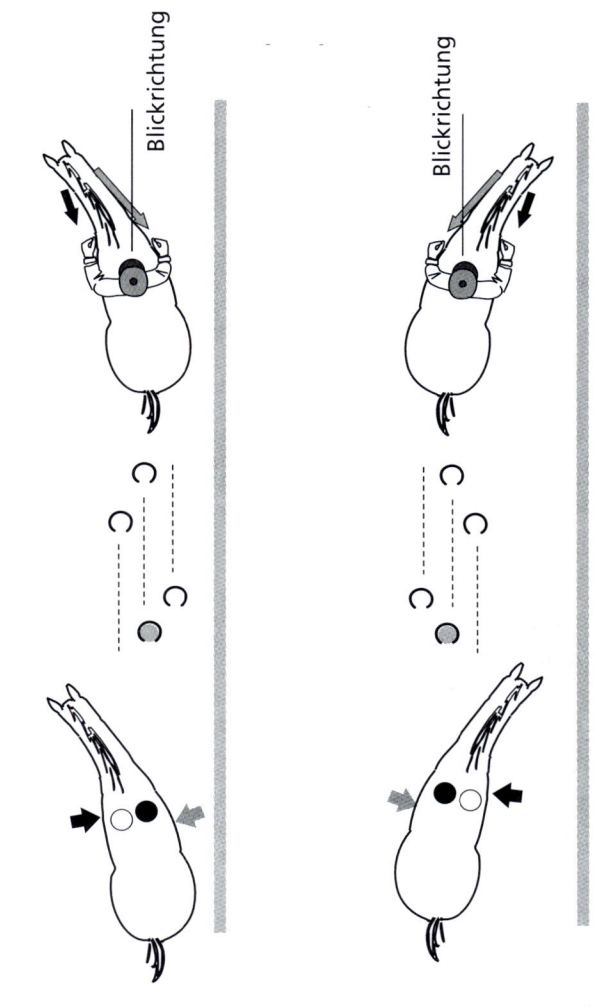

Schulterherein nach rechts   *Konter-Schulterherein nach links*

auf der linken Hand), so nennt man die gleiche Bewegung Konter-Schulterherein.

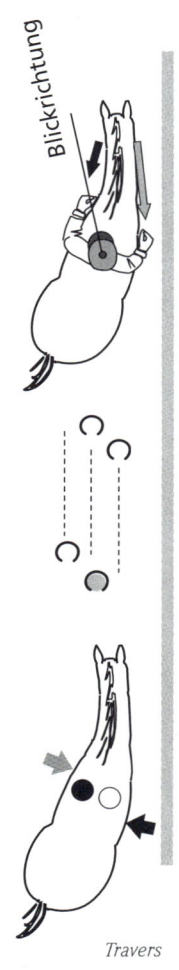

Blickrichtung

Travers

Travers auf der linken Hand von vorne.

Travers und Renvers

3. Der nächstschwierigere Schritt ist Travers und Renvers.
Das Pferd ist dabei in Bewegungs-richtung gestellt und gebogen. Der Reiter sitzt in Bewegungs-richtung. Das Pferd läuft in Bewegungsrichtung unter das Gewicht des Reiters. An Gym-nastizierung und Koordination werden hohe Anforderungen gestellt. Das innere Hinterbein des Pferdes wird sehr stark zum Tragen animiert.
Beispiel Travers auf der linken Hand (Bande rechts vom Pferd).
Der Reiter hat das Gewicht links,

er treibt mit dem rechten Schenkel (etwas hinter dem Gurt) die Hinterhand nach links, so daß sie seitlich versetzt zur Vorhand läuft (innere Spur). Der äußere (rechte) Zügel hält das Pferd vorne auf der äußeren Spur (auf dem Hufschlag). Dabei wird er durch Druck des inneren (linken) Schenkels am Gurt unterstützt, der die Schulter an ihrem Platz außen hält. Der linke Zügel erhält die Stellung des Pferdes nach links. Er

Travers auf der rechten Hand von hinten.

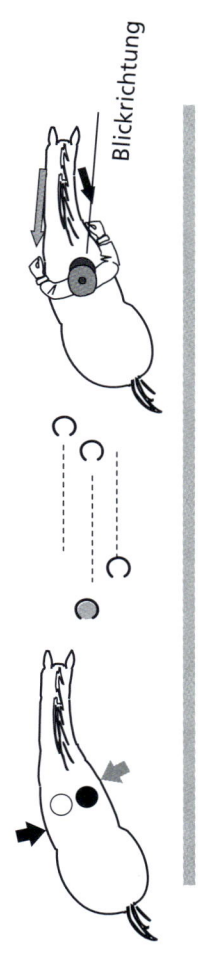

Renvers

wird nur dann angenommen, wenn das Pferd die Stellung aufgeben will. Der wichtigere Zügel ist wieder der äußere.

Travers ist recht gut aus einer Volte heraus zu entwickeln. Kurz bevor das Pferd aus der Volte auf den Hufschlag zurückkommt, hat es die Stellung und Biegung, die für das Travers gebraucht werden. Das Travers nennt man Renvers, wenn die Bande sich bei gleicher Bewegung auf der anderen Seite befindet. Das Renvers auf der linken Hand ist also das Travers auf der rechten. Das Pferd blickt dabei zur Bande hin.

Wollen Sie Renvers auf der linken Hand reiten (siehe Bild), so sitzen Sie nach rechts (Gewicht auf den rechten Gesäßknochen) und stellen das Pferd mit dem rechten Zügel nach rechts. Der rechte Schenkel treibt die Vorhand auf den zweiten Hufschlag (die innere Spur) und wird dabei vom linken (äußeren) Zügel unterstützt. Der linke, hinter dem Gurt liegende, Schenkel hält die Hinterhand auf dem Hufschlag (der äußeren Spur).

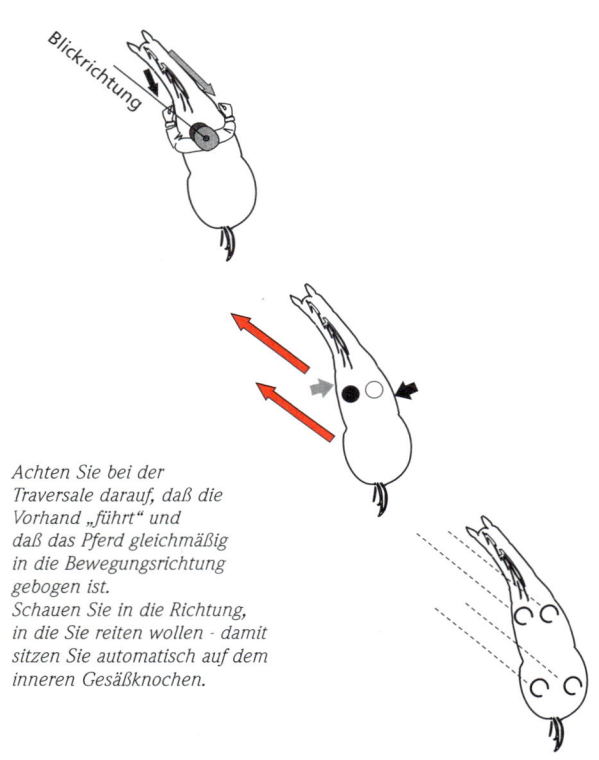

Achten Sie bei der Traversale darauf, daß die Vorhand „führt" und daß das Pferd gleichmäßig in die Bewegungsrichtung gebogen ist.
Schauen Sie in die Richtung, in die Sie reiten wollen - damit sitzen Sie automatisch auf dem inneren Gesäßknochen.

Traversale nach links im Trab - Stellung und Biegung in Bewegungsrichtung.

Traversale

Travers und Renvers sind die Vorübungen zur Traversale.

Die Hilfengebung des Reiters bleibt bei der Traversale wie beim Travers. Jedoch ist das Timing, wann und mit welcher Intensität welcher Zügel und Schenkel eingesetzt wird, geringfügig anders.

Bei der Traversale bewegt sich das ganze Pferd vorwärts-seitwärts in einer Diagonalen. Dabei soll die Vorhand leicht führen.

Beispiel Traversale nach rechts (aus dem Travers auf der rechten Hand oder aus einer Rechtsvolte entwickelt): Der äußere linke Zügel hält nicht mehr soviel gegen wie beim Travers auf der linken Hand. Der innere rechte Zügel nimmt die Vorhand stärker nach rechts herüber, das Gewicht des Reiters kommt kurzfristig noch weiter nach rechts. Das Pferd soll ihm folgen, indem es nach rechts unter sein Gewicht

läuft. Die Schenkel erhalten die Biegung, die Zügel erhalten durch Annehmen auf der jeweils nötigen Seite die Führung der Vorhand und die Stellung des Pferdes.

Interessant hinsichtlich des Timings und der Koordination wird die Sache, wenn zwischen Schulterherein, Konter-Schulterherein, Travers und Renvers auf der langen Seite gewechselt wird. Das geht natürlich nur dann, wenn das Pferd die

Die „fotowirksame" Haltung dieses freilaufenden Pferdes mit erhobenem Kopf wäre nicht geeignet, einen Reiter über längere Zeit ohne Schäden für den Rücken des Pferdes zu tragen.

Einzelübungen gut beherrscht und sauber auf beiden Seiten durchgymnastiziert ist. Eine einfache Reihenfolge in diesem Sinne ist z.B. Wechsel von Schulterherein zu Renvers. Die Abstellung des Pferdes von der Bande, die Gewichtsverlagerung und Blickrichtung des Reiters bleiben gleich. Der Reiter muß nur seine Schenkel umlegen und das Pferd umstellen. Äußerer Schenkel und Zügel werden zum Inneren und umgekehrt. Durch eine einfache Drehung in der Hüfte ist dies zu erreichen.

Andere Kombinationen sind schwieriger, weil der Reiter seine Position auf dem Pferderücken etwas stärker verändern muß und weil der Wechsel dem Pferd mehr Beweglichkeit abverlangt. Prinzipiell können aber alle Seitengänge miteinander kombiniert und im Wechsel geritten werden.

Reiter und Pferd erreichen mit solchen Koordinationsübungen eine sensible Feinabstimmung der Hilfen. Der Reiter merkt - wenn er die Hilfen richtig gibt - wie wenig Bewegung auf dem Pferderücken notwendig ist, um sich selbst und das Pferd neu auszurichten. Das Pferd ist bei diesen Übungen gezwungen, immer wieder eine andere Seite (die jeweils äußere) zu dehnen und damit zu entspannen.

Beste Übungsgangart ist (nach einführenden Koordinationsübungen im Schritt) der Trab. Später kann natürlich alles auch im Galopp durchgeführt werden, was aber ein schon sehr gut im Gleichgewicht befindliches Reiter-Pferd-Paar voraussetzt.

Entspannung nicht vergessen

Um das Pferd nicht zu „verbiegen", sollten Sie immer wieder eine lange Seite in flottem Tempo zum Entspannen einschieben - am besten im Leichttraben. Das Pferd soll dabei völlig gerade sein und den Hals vorwärts-abwärts strecken dürfen.

Will man den Rücken des Pferdes schonen (und viele Pferde haben das nötig), so kann man die ganzen Seitengänge auch im Leichttraben absolvieren. (Siehe Leichter Sitz / Leichttraben.)

Ein in den Seitengängen trainiertes Reiter-Pferd-Paar wird alle Bahnfiguren später mit Leichtigkeit ausführen, weil alle Bewegungsabläufe dafür in den Seitengängen geschult werden. Hinterhand und Vorhand sind unabhängig zu steuern - das Pferd läuft nicht mehr einfach dorthin, wohin es schaut. Blickrichtung des Pferdes und Bewegungsrichtung können voneinander getrennt werden. Das Pferd steht an den Hilfen des Reiters.

Die Trailhindernisse der Westernreiter sind eine wunderbare Koordinationsübung - hier das T, welches Schenkelweichen, Vor- und Hinterhandwendungen beinhaltet.

Vorhandwendung und Hinterhandwendung

Die Vorhandwendung (VHW) und die Hinterhandwendung (HHW) als Sonderformen der Seitengänge.

Die Vorhandwendung hat ihre Berechtigung hauptsächlich als Koordinationsübung und in Trailhindernissen. Sie kann aus dem Halten eingeleitet werden, aber auch aus dem Schenkelweichen in Verbindung mit der rei-

Hinterhandwendung - die Ohrenstellung des Pferdes zeigt seine Konzentration auf die Reiterin.

auf der Stelle, die Hinterhand beschreibt einen Kreis um die Vorhand herum.

Reitet man eine Vorhandwendung aus dem Schenkelweichen (im Schritt) nach links, so sieht sie folgendermaßen aus: Im Schenkelweichen treibt der rechte Schenkel, der linke äußere Zügel kontrolliert die Abstellung. Wird der linke Zügel immer weiter angenommen, so wird schließlich die reine Seitwärtsbewegung erreicht. Jetzt wird der rechte Zügel zusätzlich angenommen - die Vorwärtsbewegung kommt zum Stillstand. Der rechte Schenkel treibt dann die Hinterhand um die stehende Vorhand herum.

Nun könnte der Reiter ein Schenkelweichen in Gegenrichtung also nach rechts einleiten, indem der linke Schenkel bei einer 45°-Abstellung von der Bande damit beginnt, seitwärts zu treiben und der rechte (jetzt neue äußere) Zügel die Seitwärtsbewegung in die andere Richtung kontrolliert.

Die Hinterhandwendung dient nicht nur der Koordination, sondern verstärkt auch die Versammlung. Sie kann aus dem Halten geritten werden sowie aus einer Travers-Bewegung in jeder anderen Gangart. Aus dem Schritt nennt man sie „Kurzkehrtwendung".

nen Seitwärtsbewegung entwickelt werden.

Beispiel VHW aus dem Halten nach rechts: Der linke Schenkel treibt die Hinterhand des Pferdes nach rechts herüm. Der rechte verwahrende Schenkel verhindert,

daß das Pferd zu schnell herumtritt. Das Pferd ist minimal nach links gestellt und gebogen (kurzer Einsatz des linken Zügels). Der rechte (äußere) Zügel verhindert durch Paraden, daß das Pferd nach vorne tritt. Die Vorhand tritt

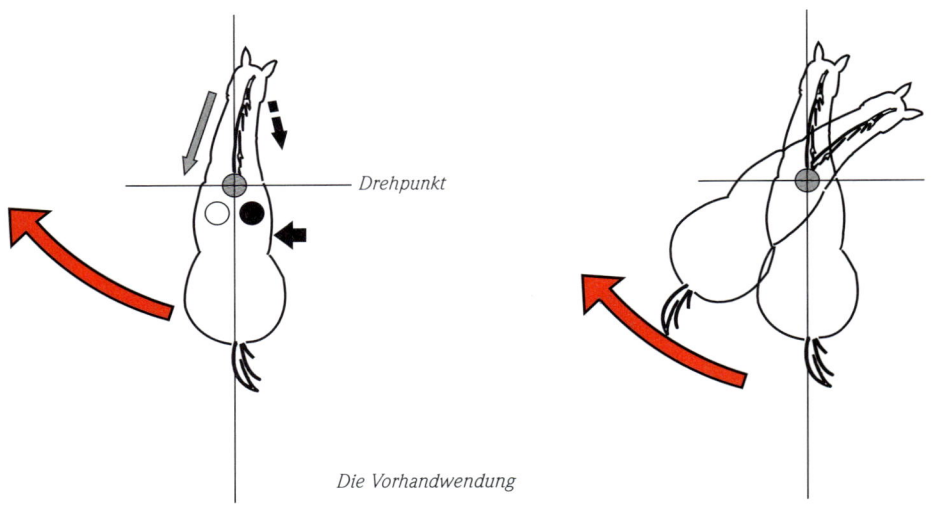

Drehpunkt

Die Vorhandwendung

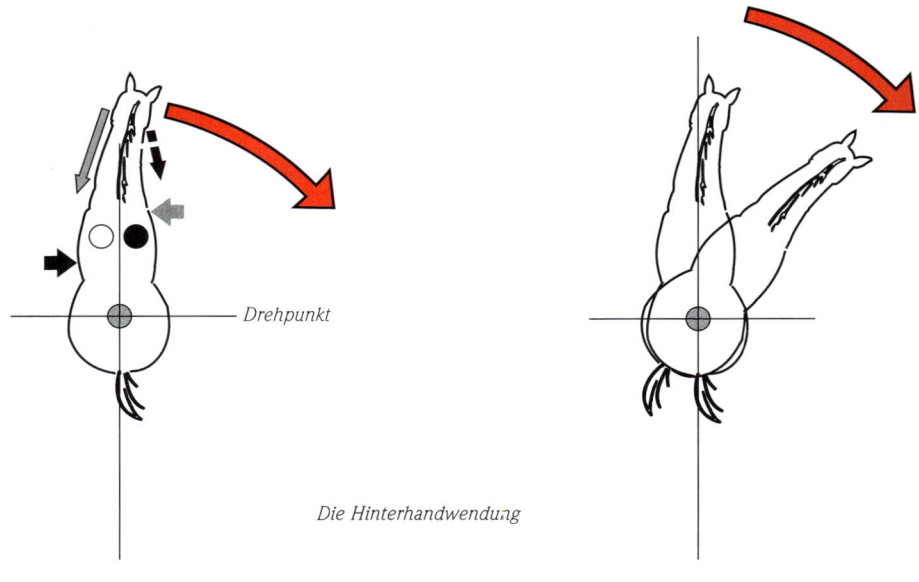

Drehpunkt

Die Hinterhandwendung

Desgleichen aus dem Trab, wenn das Pferd dabei bis zum Schritt durchpariert, die Wendung im Schritt geritten und danach wieder angetrabt wird.

Aus dem Trab (ohne Schrittreprise dazwischen) ist sie prinzipiell nichts anderes als ein halber Spin der Westernreiter, im Galopp die halbe Pirouette der Dressurreiter.

Allen HHW gemeinsam ist das vermehrte Untersetzen der Hinterhand - speziell des inneren Hinterbeines. Der Reiter sitzt dabei in Bewegungsrichtung, das Pferd ist in Bewegungsrichtung gestellt und gebogen - wie beim Travers.

Beispiel: Hinterhandwendung nach links: Das Pferd soll dabei leicht nach links gebogen sein. Der Reiter belastet seinen linken Gesäßknochen vermehrt und stellt das Pferd nach links (anfangs kann er die linke Hand seitlich - nicht jedoch nach hinten - führen, dem Pferd praktisch den Weg zur Seite zeigen) - der rechte Schenkel treibt hinter dem Gurt seitwärts. Der äußere (rechte) Zügel hindert das Pferd an der Vorwärtsbewegung. Der innere Schenkel (der linke) kontrolliert am Gurt verwahrend die linke Schulter des Pferdes und verhindert, daß das Pferd sich herumwirft und sich damit der Biegung entzieht.
Die innere (linke) Hand ist nur für die Stellung zuständig. Sie darf auf keinen Fall versuchen, das Pferd in die Wendung hineinzuziehen. Das würde nur dazu führen, daß das Pferd sich im Hals verbiegt und seine Hinterhand nach rechts ausfällt.

Die gleichen Hilfen gelten für die Hinterhandwendung aus der Bewegung, die bis hin zur Galopp-Pirouette immer mehr Biegung und Aufrichtung und immer mehr Beugung in den Hanken des Pferdes (=Versammlung) erfordern.
Sonderform ist nur der Spin, bei dem das Pferd in der Längsachse gerade ist. Dieser soll hier aber nicht näher ausgeführt werden. Nur seine grundsätzliche Zugehörigkeit zu den Übungen auf der Hinterhand sei erwähnt.

Hinterhand- und Vorhandwendung in Verbindung mit Seitwärtsbewegungen und Rückwärtsrichten sind die Grundlagen für alle Geschicklichkeitsparcours und Trailprüfungen.

Aufrichtung und Hankenbiegung in der Galopp-Pirouette.

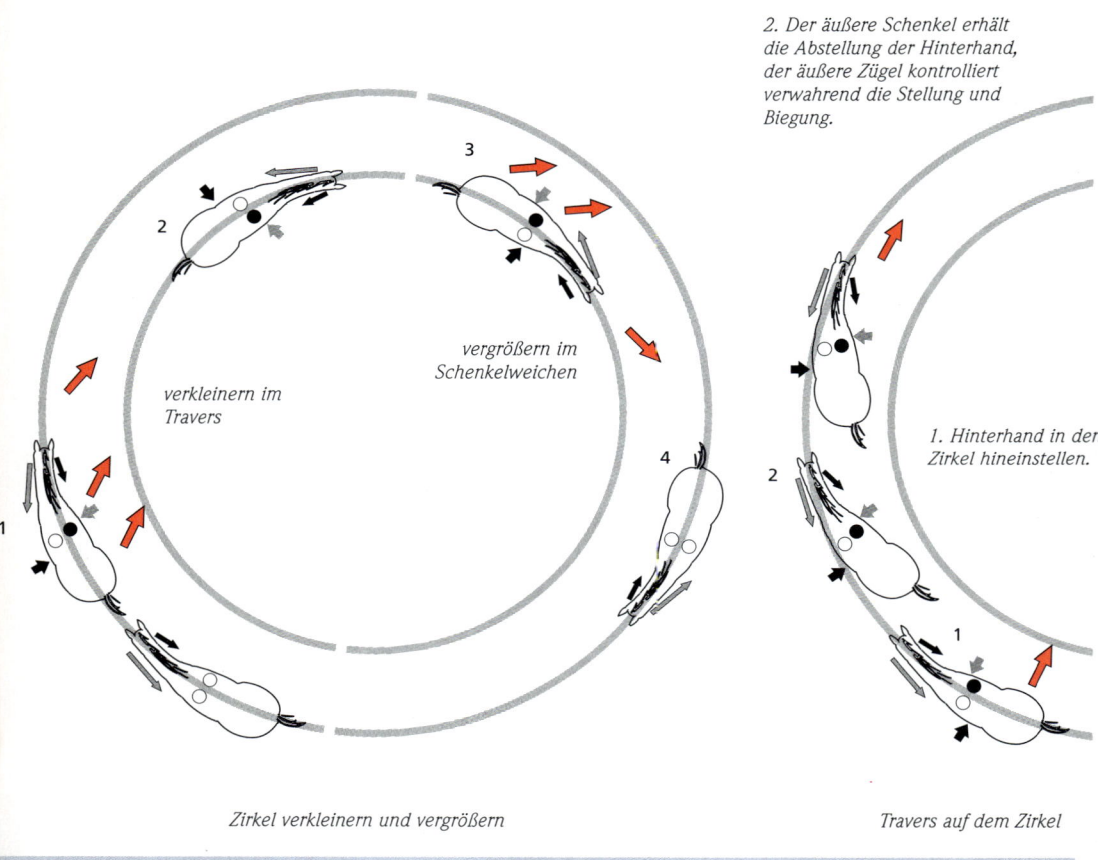

2. Der äußere Schenkel erhält die Abstellung der Hinterhand, der äußere Zügel kontrolliert verwahrend die Stellung und Biegung.

vergrößern im Schenkelweichen

verkleinern im Travers

1. Hinterhand in den Zirkel hineinstellen.

Zirkel verkleinern und vergrößern

Travers auf dem Zirkel

ZIRKELARBEIT

Zirkel verkleinern und vergrößern

Bei der versammelnden Arbeit auf dem Zirkel bietet sich zur Gymnastizierung besonders die klassische Übung „Zirkel verkleinern und vergrößern" an. Der Zirkel wird in der Traversbewegung verkleinert und im Schenkelweichen vergrößert. Unproblematischste Gangart dabei ist der Schritt, die harmonischste, bei der die Übung am meisten Spaß macht, der Trab. Die Lektion geht auch im Galopp, erfordert dann aber ein schon sehr gut gymnastiziertes Pferd.

Zirkel verleinern und vergrößern können Sie auch in Außenstellung üben - dann verkleinern Sie im Schenkelweichen und vergrößern im Travers. Die Variante in Außenstellung ist jedoch schwieriger und sollte erst in Angriff genom-

3. Alle Hilfen wirken verwahrend, solange das Pferd in Stellung und Haltung bleibt.

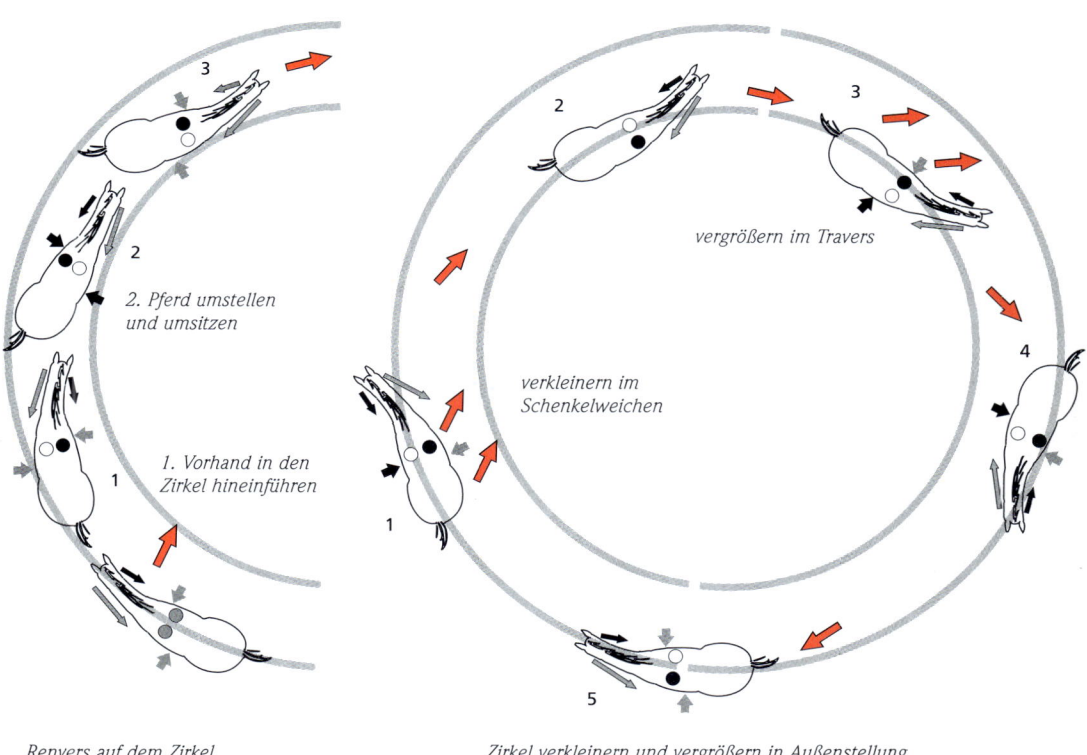

2. Pferd umstellen und umsitzen

1. Vorhand in den Zirkel hineinführen

vergrößern im Travers

verkleinern im Schenkelweichen

Renvers auf dem Zirkel

Zirkel verkleinern und vergrößern in Außenstellung

men werden, wenn das normale „Zirkel verkleinern und vergrößern" klappt. Wollen Sie sie im Galopp reiten, so muß das Pferd dazu im Außengalopp galoppiert werden.

Seitengänge auf dem Zirkel

Travers, Renvers, Schulterherein und Konter-Schulterherein können statt an der langen Seite auch auf der Zirkellinie geritten werden.

Schaffen Sie es, daß das Pferd einen sauberen runden Trab-Zirkel im Schulterherein oder Travers geht, so ist dies ein Zeichen dafür, daß Sie Ihr Pferd erstens gut gymnastiziert haben, daß zweitens Ihre und die Koordination des Pferdes schon ziemlich gut ist und drittens, daß Ihr Pferd sauber „an den Hilfen steht" und die Kontrolle mittels des äußeren Zügels funktioniert.

Eine weitere Stufe schwieriger ist das Renvers und das Konter-Schulterherein auf dem Zirkel sowie schließlich das Hin-und Herwechseln zwischen den verschiedenen Seitengängen. Lassen Sie sich damit ruhig viel Zeit.

Nichts wie raus

Was im Gelände anders ist.

Der Reitanfänger kann es oft gar nicht erwarten, bis er das erste Mal ins Gelände darf. Jedoch sollte er sich vergegenwärtigen, daß im Gelände die sichere Beherrschung des Pferdes Grundvoraussetzung ist, um heil wieder zurückzukommen.

Sicherheit

Mit einem sicheren, ruhigen Pferd kann durchaus auch ein mehr oder minder fortgeschrittener Anfänger ins Gelände reiten - vorausgesetzt es werden ein paar wichtige Dinge beachtet.

Nicht allein
1. Ein Anfänger darf keinesfalls allein im Gelände reiten.

Vertrauen
2. Zwischen Reiter und Pferd sollte ein Grund-Vertrauen vorhanden sein.

Balance
3. Der ausbalancierte Sitz sollte kein Fremdwort sein. Selbst im Schritt erfordert so manches Gelände (auch schon leichte Steigungen und leichtes Bergabreiten) eine sichere Schwerpunktanpassung des Reiters an die Bewegungen des Pferdes.

Keine Experimente
4. Kein Reiter darf im Gelände mehr wollen, als er in der Bahn schon kann. Hat er in der Bahn z.B. noch Schwierigkeiten, sein Pferd im Galopp zu sitzen, kann es also deswegen auch nicht kontrollieren, so darf er keinesfalls im Gelände einen „wilden" Galopp reiten wollen. Die

Gefahr, daß sein Pferd erst dann und dort wieder aufhört, wann und wo es das selbst will, ist nämlich recht groß. Und ein Pferd nimmt keine Rücksicht darauf, ob es einen Querweg mit Fußgängern „überrennt" oder gar eine Straße.

Rücksicht
5. Die Mitreiter müssen Rücksicht auf den unerfahrenen Reiter nehmen und dürfen ihm nicht mehr zumuten, als er kann. Das bedeutet im Zweifelsfall einen ruhigen Schrittausritt - in ebenem Gelände ohne besondere Sicherheitsrisiken, wie Straßenüberquerungen, Bergauf- oder Bergabreiten.

Schwerpunktanpassung des Reiters nach vorne über dem Sprung.....

Besonders Punkt 3 ist hinsichtlich des Gleichgewichts wichtig und soll hier noch kurz ausgeführt werden.

Draußen ist es oft nötig, nicht nur auf die Bewegungen und das Tempo des Pferdes zu reagieren, sondern auch auf die Erfordernisse des Geländes selbst. Kleine Hindernisse, die im Schritt, Trab oder Galopp zu überwinden sind, liegen im Weg. Es geht Hügel hinauf oder hinunter. Der Boden ist uneben, glitschig oder steinig. Das Pferd rutscht aus oder es macht auch mal einen erschreckten Satz. Wasser oder Stege und Brücken sind zu überwinden. Manche Pferde haben Angst davor und widersetzen sich - der Reiter muß sich durchsetzen können und darf nicht gleich herunterfallen, wenn das Pferd einmal eine Kehrtwendung macht.

Die Anforderungen an Gleichgewicht und Kooperation zwischen Reiter und Pferd sind also deutlich höher als in der Bahn.

Der leichte Sitz, der eine schnelle Schwerpunktanpassung des Reiters an die Erfordernisse erlaubt, sollte auf jeden Fall beherrscht werden, wenn mehr als ein Schritt-Spazierritt geplant ist.

Um den leichten Sitz zu schulen, bietet sich in der Bahn die Cavaletti-Arbeit an. Stangen zum Drübertraben, später mit kleinen Sprüngen am Ende „gewürzt", lehren den Reiter, sich der Dynamik des Pferdes in kleinen Hindernissen anzupassen, seinen Schwerpunkt aus der Hüfte heraus im Rhythmus der Bewegung des Pferdes zu verändern. „Springreihen" mit Gymnastiksprüngen, die der fortgeschrittenere Reiter auch ohne Zügel überwinden kann, runden ein solches Gleichgewichtstraining ab. „Sitzgymnastik" an der Longe - ohne Zügel und Bügel in allen drei Grundgangarten auf dem Sattel „turnen" ist zudem eine tolle Gleichgewichtsübung. Nicht umsonst sitzen Voltigierkinder später beim Reiten gut in der Balance.

.... und im schnellen Galopp

Grundsatz Eins

Wer auch immer sich mit dem Pferd beschäftigt, übernimmt die Verantwortung für das ihm anvertraute Lebewesen.

Grundsatz Zwei

Die Haltung des Pferdes muß seinen natürlichen Bedürfnissen angepaßt sein.

Grundsatz Drei

Der physischen wie psychischen Gesundheit des Pferdes ist unabhängig von seiner Nutzung oberste Bedeutung einzuräumen.

Grundsatz Vier

Der Mensch hat jedes Pferd gleich zu achten, unabhängig von dessen Rasse, Alter und Geschlecht sowie Einsatz in Zucht, Freizeit oder Sport.

Grundsatz Fünf

Das Wissen um die Geschichte des Pferdes, um seine Bedürfnisse, sowie die Kenntnisse im Umgang mit dem Pferd sind kulturgeschichtliche Güter. Diese gilt es zu wahren und zu vermitteln und nachfolgenden Generationen zu übermitteln.

Grundsatz Sieben

Der Mensch, der gemeinsam mit dem Pferd Sport betreibt, hat sich und das ihm anvertraute Pferd einer Ausbildung zu unterziehen. Ziel jeder Ausbildung ist die größtmögliche Harmonie zwischen Pferd und Mensch.

Grundsatz Sechs

Der Umgang mit dem Pferd hat eine persönlichkeitsprägende Bedeutung gerade für junge Menschen. Diese Bedeutung ist stets zu beachten und zu fördern.

Grundsatz Acht

Die Nutzung des Pferdes im Reit-, Fahr- und Voltigiersport muß sich an seiner Veranlagung, seinem Leistungsvermögen und seiner Leistungsbereitschaft orientieren. Die Beeinflussung des Leistungsvermögens durch medikamentöse sowie nicht pferdegerechte Einwirkung des Menschen ist abzulehnen und muß geahndet werden.

Grundsatz Neun

Die Verantwortung des Menschen für das ihm anvertraute Pferd erstreckt sich auch auf das Lebensende des Pferdes. Dieser Verantwortung muß der Mensch stets im Sinne des Pferdes gerecht werden.

Herausgeber:

„Die ethischen Grundsätze des Pferdefreundes" wurden 1995 von der Deutschen Reiterlichen Vereinigung (FN) erarbeitet und vom Verbandsrat verabschiedet.

Die Reiterhilfen für Anfänger

Marina Wieland
Reiten lernen ohne Stress
Reitunterricht, der wirklich Spaß macht: Erlernen eines lockeren Sitzes in Übereinstimmung mit den Bewegungen des Pferdes, effektive und logische Hilfengebung, sinnvolles Training für Pferd und Reiter.

Selma Brandl/Marlene Baum
Richtig Reiten
Alles Wissenswerte – von der Ausrüstung für Pferd und Reiter über die erste Reitstunde bis zum Reiten im Gelände – komprimiert, kompetent und leicht verständlich vermittelt.

Heinz Follay
Das Reiterabzeichen leicht gemacht
Alles Wissen für die theoretische Prüfung und für die reiterliche Vorbereitung auf die praktische Prüfung.

Colin Vogel
Das Beste für mein Pferd
Einfühlsame Pflege und Haltung – orientiert an den Bedürfnissen des Pferdes: der optisch perfekt gestaltete Ratgeber mit über 750 Farbfotos für verantwortungsbewußte Pferdebesitzer und Reiter, denen das Wohlergehen ihres Pferdes am Herzen liegt.

Selma Brandl
Harmonie im Sattel
Der richtige Umgang mit dem Pferd, seine artgerechte Haltung, die Ausbildung von Pferd und Reiter in allen Reitweisen – mit vielen Abbildungen, die die Faszination der Pferde und des Reitsports eindrucksvoll vermitteln.

Elwyn Hartley Edwards
Pferderassen
Übersichtlich und fundiert: die wichtigsten Pferderassen der Welt mit hervorragenden Farbfotos und alles Wissenswerte zu Entwicklungsgeschichte, Exterieur, besonderen Merkmalen, Lebensbedingungen und züchterischen Besonderheiten.